ルートヴィヒ・クラーゲス

リズムの本質

杉浦實訳

みすず書房

VOM WESEN DES RHYTHMUS

by

Ludwig Klages

Verlag Gropengiesser, Zürich und Leipzig, 1923, 1934, 1944

凡例

一、原書の各章の表題には番号がついていないが、便宜上、訳書では「第一章…」というふうに番号を付した。

二、原著者の注は＊印で示し、原書では巻末にまとめてあるが、訳書では、事項訳注（巻末）との関係から、各章末に挿入した。

三、訳者注を必要とする事項は（1）、（2）…で示し、「事項訳注」として巻末に一括してかかげた。人名は「人名訳注」として、アイウエオ順に、おなじく巻末にかかげた。

四、原文をそのまま和訳して意味の通じにくいと思われる箇所には、訳者が適当な言葉を補った。その部分は〔　〕で囲んだ。

五、原文で斜字体（イタリック）の部分は、訳文では傍点（、）を付して表わした。

六、書誌名は二重かぎ括弧『　』で表わし、引用文、ならびに原文で引用符のついた重要概念は一重かぎ括弧「　」で表わした。

七、原文のアクセント符号は、訳文では傍点（・）で表わした。

八、その他の符号はだいたい原文どおりのものを使った。

九、原書において、明らかに誤植とみなされるもの、あるいは、別なふうに読みかえた方がよいと考えられるものは、適当に訂正して訳した。つぎにそれらをまとめて掲げておく。

原著書のページ	行	原文	訂正文
14	15	noch anders	nicht anders
14	30	und	uns
19	29	nicht vielmehr nur	vielmehr nur
22	2	... Reihe wahr.	... Reihe wahr. (1)
22	13	... Gruppenreihe. (1)	... Gruppenreihe.
29	2	verfacht	vereinfacht
69	30	die getaktete Leistung	die taktende Leistung
100	26f.	verschiedener Gewichtige	verschiedener Gewichtigen

目次

序　文

一九二二年、ベルリンにおいて、中央教育協会主催の「芸術体育集会」が開かれた。著者は自然に即した運動の理論の一般原理について講演しなければならないことになり、そのために「リズムの本質について」(Vom Wesen des Rhythmus) というテーマを選定した。題材の整理はできあがっていた。ところが、集会開催の三日前になって、著者は重病のため講演を断るはめになった。主催者の依頼に応じて、著者は口頭で述べるはずであった草稿のおもな内容をおなじ題目の論文にまとめることに決め、翌年のはじめに、集会報告(ルートヴィヒ・パラート、フランツ・ヒルカー共編『芸術体育』、ブレスラウ、一九二三年 *Künstlerische Körperschulung*, herausgegeben von Ludwig Pallat und Franz Hilker, Breslau 1923) の枠内で公表した。講演のための草稿が満足に論文の形にまとめられなかったことは、病気の結果疲れていたこととも関連して、原稿作成の期間が短かったことによる。〔リズムに関する〕著者の主要な研究成果は、もちろん、その内容についてはすぐにでも述べなければならないのだが、すでに一九一三年以来、数篇の著作のなかで発表し、これまでいささかの修正も加えたことはなかった。ただ、仕上げの筆を加えただけで、のちの著作のなかにくりかえし収載した。しかしながら、なんら持続的なテーマも持たずにつねに聴衆にあわせて行われたかずかずの講演を除いては、リズムの問題はいつも副次的な課題として他の領域の問題に貢献するのみで、あらゆる事実、根拠、思考をそれにしぼることはなかった。そこで、残された仕事はこの論文を徹底的に書きかえるだけとなり、閑がなかったために残念ながらいまやっと——だから、まる十年の経過後に——これが可能となった。

その間、いま触れた主要な研究成果、すなわち、リズムと拍子は異なる由来をもち、その本質の相反性は生命と精神の対立から派生するという説は、少なからぬ活動分野の理論と実践に生産的な影響を与えてきた。ことに生物学、表現学、医学および体育学において、方々で促進的に受け入れられた。しかし、まさにこのリズムに関する論文において、表現上、叙述に欠陥が多かったために、もっとできばえのよい版であれば少なくとも部分的におそらく免れえたであろうような、さまざまな誤解を招きもした。ところで、このような誤解を解消させることが、この種の改作にとっては仕事の一部であった。

これでもって、新しい著書が以前のものといかなる点において異なるかが実質的にすでに語られたことになる。新しい著書においては、字句の点で少なからぬ部分は以前のものからそのまま引き継いだけれども、ところどころすこし異なる一章を除いて、すべて不可欠なものはより詳細に、なんらか余計なものははるかに簡単になった。終章では、以前のものにくらべてなおすこし大胆に飛躍した内容のものになったであろうが、リズムと拍子の関係をより鋭く分析するために、形而上学的考察をできるかぎり制限した。著者は、この改訂本が完全なものだとはおよそ思ってもいない。しかし、これが、いまここにあるこの姿において、著者の他の著作になじみのない読者にたいしても、有用なすべてのことを誤解なくお伝えしうることを希望し、かつ、それができると信ずる。

＊　＊　＊

以上は、一九三三年に単行本として出版し、またたくまに絶版となったこの著書の、初版のための序文をほんのすこしだけ短縮したものである。本書は予期しない事情のために、長年、市場から姿を消していたが、ついに装いも新しく、だが内容はそのままで、愛読者の前に提供されることになった。本書の根本構想を抱いて以来経過すること三十年、その間、本書の論拠をぐらつかせるなにものも現われなかったので、なんら訂正する動機もおこらなかった。それだけにいっそう、本書が、解釈を業とする人たちのために、今後、より広範な研究の出発点となりうるよう希望したい。

一九四四年五月

著　者

第一章　現象研究の意味について

研究の対象となるべき事実関係の境界設定をきわめて厳密に行うことを、本質研究は原因研究よりもなおいっそう断固として要求する。しかし、概念の境界線を引くということは、多かれ少なかれすでに、規定されるべき事柄が、それがここではじめて探究されるはずのものであるにもかかわらず、すでによく知りつくされていることを前提としている。だからそれだけにいっそう、リズムの定義への道を一歩一歩進むにつれ、リズムの本質理解へ近づくような叙述のしかたをわれわれはとることにしよう。

だれでもが熟知していることと関連させて、試みにつぎのように言ってみよう。「リズムはある時間的現象の規則的分節である。(1)」あるいは分節した部分に注目して、「リズムは時間的現象要素の規則的反復である(2)」。つまり、できるだけ手短かに言うならば、「リズムはある規則の時間的現象である」[3]。現象（Erscheinung）という言葉を使っている点を除いて、こういう概念規定はすべて適切でない[4]。しばらくは現象について述べなければならない。

リズムが現象の世界に属するとすれば、それは事物（Ding）の世界に属さないということである。現象の世界に関する学問は現象学であり、事物の世界に関する学問は事実の学、あるいは原因の学である。事物として捉えるとき、わたしの書き机はつねに同一物であり、しかも、異なる時におけるわたしにとっても、任意の数の他の人びとのおのおのにとっても、同一物である。それにたいして、机の現象はたえず変化する。わたしがそれを知覚する方向、距離、照明具合によって変化する。わたし自身の状態によってすら変化し、すこぶる爽快なときと、へとへとに疲れきっているときとでは見えかたが異なる。けっきょく、二人の異なる人物にとって正確におなじ現象はけっしてない。二人の人物が質的に同一の印象を受けることは考えられないからである。

「おなじ川のなかへ二度と入ることはできない」というヘラクレイトスの例の有名な命題を聞いて、昔の人びとはきっと、「つねに新しい水が流れてくるから」という表面上の意味よりももっと深い奥の意味を汲みとったであろう。そしてわれわれは、「おなじ池のなかへ二度と入ることはできない。そのあいだにわれわれが多かれ少なかれ年をとってしまうから」とも自信をもって補足することができよう。「年をとる」とはすなわち「他のものになる」ことであり、そして、普通の意味における「他のものになる」とはすなわち、印象と結びつく事物がかりにおなじものにとどまっていたとしても、ともかく、「異種の印象を受ける」ということである。このことを信じようとしない者は、五歳の男児が遭遇する世界現象と七十歳の老人が遭遇するそれとを心のなかで比較してみるがよい。すると、きっともはやふたつの現象世界の差異を疑わないだろう。

記憶財（Gedächtnisschatz）に眼を向けてもおなじ結果に導かれる。事物ははじめて知覚されるとき新奇性（Charakter der Neuheit）を持つ。しかし、二度目には、その事物を再認することを可能にする既知性（Bekanntheitscharakter）を持つ。まったく短期間のうちに百度目の知覚がなされるとき、事物は習慣性（Charakter des Gewohntseins）を得て、もはやわたしの注意をひかないという事態になる。なぜなら、それと同時に、世界現象に関するわたしの体験からなにかが滑り落ちたからである。現象の世界はそれゆえはてしなく続く変化と逃亡のなかにあり、一方、事物の世界はいわば無時間的、固着的である。(5)

ところで、あらかじめ体験の裏面をもいますぐ考察しておこう。世界現象がさまざまな感覚を通じてわれわれに伝達されるかぎり、それは視覚、聴覚、嗅覚、味覚、触覚などにおける現象である。このことは事象の特徴を、したがって、たとえば時とともに推移し、それゆえたえず変化してやまない感覚事象の特徴をあからさまに表わしている。世界現象の一面を取り出してみるならば（音響現象を例にとると）、たとえば長く続く笛の音のばあい、われわれの五秒目の聴覚内容が四秒目の聴覚内容と、またそれが三秒目の聴覚内容と、このように出だしの音まで続けて、一秒目の最初の聴覚内容と、それぞれ類似しないばあいには、笛の音はわれわれにとってけっして「現象」していないことにすぐ気づく。視覚能力の〔他の感覚能力にたいする〕優位を考えて、われわれは人間の感覚を直観能力（傍点は訳者）という名で呼び、その対象を直観像（傍点は訳者）と名づけているが、その直観像が現存するためには、生命事象を分割した時間的断片のひとつひとつが、ほかならぬその断片系列の恒常性によって、すなわち、とにかく変化しゆく直観像要素の類似性を体験することによって、相互に連繋を保っていなければならない。体験の時間性のおかげで世界の変化が現象するとおなじく、変化の直観性は類似性の体験のおかげで生じる。――ふたたび〔はじめの〕概念規定にもどろう。

空気の振動の規則的系列がリズムの基礎をなしているにもかかわらず、単調な笛の音はなんらリズム的でない、と類似性の説に反論しようとしても、それは異議を唱えたことにならないだろう。なぜなら、なるほど笛の音はわれわれの前で現象するが、その現象の具体的条件に当然数えられてしかるべき空気の振動は、しかしながら現象しない、という事実を見落したからである。(6)――リズム現象を直接には現象しない諸事象の推移に転化してよいかどうか、また、どの程度それが許されるかは後に考察しよう。(7)――前の定義の誤謬点は他にある。

第二章　拍子の仮現性

時間的現象要素の規則的反復に関する命題でもって、たしかに、われわれはじっさいに経験可能なものの境界を明確にした。ただしかし、〔境界づけられたものは〕リズム（Rhythmus）でなくて、たんなる系列（Reihe）か、もしくは拍子（Takt）にすぎない。拍子のもっとも重要な特性についてあらかじめ簡単に考察しておかなければ、最初から誤った方向をとる危険があろう。——〔ラテン語の〕tangere（触れる、突く、叩く）に由来する Takt（拍子）は、もともと音楽において、弦を一様に叩くこと、あるいは弾《はじ》くことの意味で、あるいはまた、打楽器によるテンポの符号として用いられた。拍子の実験研究が、モイマンかヴントのいずれかによって、まず音響の規則的系列を基礎としてなされたころ、じっさいまったくそんな有様がふつうであった。基本的に似かよった実験をのちにコフカが光の視覚印象の規則的系列に関して試みた。それにたいして、テーオドール・リップスはとくに韻文の強拍を分析した。これらの研究者や、これ以外の研究者たちの、部分的に一致し、部分的に相補うさまざまな研究成果のうち、ただひとつだけをここで取りあげる。

　おのおのおよそ三分の一秒の時間間隔をおいて、つねにおなじ強度で、金属製の台の上を機械的に動くハンマーで叩くとき、偏見もなく、音強や間隔を測定しようともせずに、印象に全霊を傾ける聞き手なら、個々の打音の系列としてではなくて、二音に分節した、しかも通例トローヘーウス（Trochäus 強弱）の音群として聞こえるように思う。したがって、聞き手は音系列のなかに、客観的にはまったく存在しないもの、すなわち強弱の周期的交替音を聞きとる。このことがそれぞれ隣接する二音を群として捕捉することを可能にする。音群はまたときにはヤンブス（Jambus 弱強）として形成されうる。さらにそのうえ、みかけは音群と音群のあいだにはすこし長い時間間隔があるように、あるいは強打音はつねにすこし高い音であるかのように、あるいは強打音はすこしだけ長い音であるかのように聞こえる。音強の差がこのように音高、あるいは音色、あるいは音長の差異に転換しうることに関して、また、音群を分かつ休止が分節作用をひきおこすさいに働く力に関して、専門家は鋭敏な感覚で考察してきた。われわれはそのことを詳論する必要はない。ただひとことだけ、すなわち、拍子を生み出すのはいずれにせよわれわれである、ということを主張したいだけだからである。

耳をすませて振子時計の音を聞くと、「タックタックタック」とでも表わしうるような音が聞こえるようには思わない。「ティックタック」の言葉で音象徴化されているあの交替音がたしかに聞きわけられるのである。しかし、振子がじっさいに反対側の位置でふたつの明らかに異なる音を出しているとすれば、さてどうであろうか。その時にもやはりなんらかの音が聞こえる。つまり、われわれがいま、ティックタックティックとタックティックタック、すなわち、古代韻律学の用語で言えば、アムフィーマツェル（Amphimacer 強弱強）とアムフィーブラヒス（Amphibrachys 弱強弱）の規則的交替音が聞こえると思いこんだとしても、それに反対するような根拠はなにもないだろう。そのかわりにわれわれがティックタックの二交替音を聞きわけるとすれば、それはやはり、聴覚内容を拍子づけたり、あるいはじっさいにはわれわれをして拍子づけて「聞かしめる」、そういう動機づけの力がわれわれ自身のなかにあって、それができるだけ単純な音群を形成する働きをなすことに起因するのである。

この事実と平行して、ほとんどすべての研究者は拍子づけ（Taktung）のなかにとりわけひとつの――あるばあいには意図的な、あるばあいには完全に無意識な――はたらきを認めた。このはたらきは、われわれの印象の分節化をたすけ、把握力によってものを洞察し、そうすることによってまた、あえて言うならば直観世界を内面化するのを容易ならしめてくれる。しかしながら、内面化（Einvergeistung）の研究は、それが認識論と好んで呼ばれるようになるよりはるか以前において、すくなくともプラトン以来、つまりはエレア学派以来すでに、ある力強い傾向におされて根本的な誤謬に陥った。かれら代表的哲学者たちがいかに聡明であったとはいえ、直観像の加工（Verarbeitung）と直観像の生産（Hervorbringung）とを混同する傾向があったためである。研究者は、内面化のなかに内面化の実体である分節のはたらき（Einteilungsleistung）を認めようとせず、内面化は、形なくしてはさながら混沌たる現象世界の偶然性にまず形（Eidos）を与える、そういう造形のはたらき（Formgebungsleistung）であるとみなしたし、現にみなしている。[8]

読者はいましばらくあらゆる哲学教説を忘れて、いく百年を経た菩提樹が一様に枝葉を伸ばし、柔軟に屈曲した枝々と美しく反った葉の縁の線との調和を示している光景に身を移してみるがよい。また一方、いく百年の樹齢のオークが頑固に節くれだった姿をし、それがギザギザの葉の形にまでおなじようにいきわたっている光景に身を移してみるがよい。そして、つねに統一的な形成作用を考え出したり作り出したりするのはわれわれの精神なのかどうか、あるいはむしろ、この精神が菩提樹らしきものやオークらしきものをたんに発見し、人間にもっとも理解しやすい形にしたがってそれらを区別しているにすぎないのかどうか、を自問してみるがよい。リンゴの果実の球に似た形はリンゴの木の丸味を帯びた形のなかに、梨の果実の釣鐘に似た形は梨の木の長めの形のなかにくりかえされる。しかし、こういうことをよく観察するようまず注意を喚起せねばならないほど、われわれは注意を怠っていた。人間の精神はリュウゼツラン、サボテン、タカトウダイの奇抜な形態を想像したことがあったか。ラン科植物やもっと種類の豊富な菊花植物の世界は、色彩と形状の豊富さにおいて、人間の空想力がいく千年の間に夢想したすべてのものを凌駕しないだろうか。クルマバソウ、ライラック、ニワトコ、ニオイアラセイトウ、スイカズラ、スズラン、キダチヒャクリコウ、ラヴェンデルなどの香りや、キイチゴ、ハチミツ、ハシバミなどの味をみずから作り出そうとだれがあえてしようか。人間の目にとまるまでに、若い雄牛や石英や鷗は存在しなかっただろうか。しかし、そういうときに、人間あるいは人間の精神がはじめて形のない塊から直観像の世界をでっちあげるのだ、と人間に教えこんだのはどんな高慢ちき野郎か。現象世界——すなわち、多義的な外来語を選ぶなら、自然（Natur）——は、宇宙のもっともはるかな星雲塊やうずまき星雲から、極微のバクテリアあるいは滴虫にいたるまで、つねにすみずみまで形のととのった姿をしている。そして、それを混乱させ、攪乱させ、ときどきはおそらくまったくの「混沌」状態に陥らせる仕事が人間のためにのみ残されていた！　この真理がわからなかったとはいよいよ恥ずべきことである。

われわれがいま、四つの規則的反復音のかわりに、それぞれ時計のティックタックの音に似た二つの音群を認めるとするならば、そのとき、われわれはいったいなにをなしたことになるのか。われわれは二つの打音をしてその二音間に存する時間経過の境界たらしめたのである。各音群はいまや第一打音で始まり、第二打音で終わる一時程を表わし、おなじく同時に、他の秩序の一時程、すなわち限られた休止期間、すなわち、前の音群の〔第二〕打音で始まり、あとの音群の〔第一〕打音で終わる中間時を表わす。分節のはたらき（Einteilungsleistung）は分割のはたらき（Teilungsleistung）であり、すべての分割は境界設定（Grenzensetzung）

によってなされる。「現象列における」(in der Erscheinungen Flucht) 境界設定にこそ唯一の本源的精神行為の本領がある。(9) 十八世紀の後期以来有名になった「多様性のなかの統一」(Einheit in der Mannigfaltigkeit) という言葉の意味は、それゆえまず、概念形成のばあいとおなじく、精神の境界設定のはたらきによって得られる直観像要素の統一にほかならない。しかしながら、それは、少なからぬばあいに、たとえば拍子づけのばあいなどに、それ以上の意味をもつ。

たんに規則的音系列に注意を集中するだけでなく、打音が等しい間隔をおいて発しているか、異なる間隔をおいて発しているかを確めようとする者にとっては、拍子は消滅し、そのかわりに、客観基礎系列 (die sachlich begründete Reihe)* が知覚される。二拍子を聞きとる精神活動は無意識のうちになされた。しかし、単音系列を聞きとる精神活動は——少なくともここでは——意識的である。単音系列を捕捉するためには音群形成への傾向にたいして耳を閉ざさねばならぬからである! かくして、単一系列 (Einser-Reihe) を伴ってはじめて、概念の成立とおなじく、その成立をもっぱら精神の活動に負うているあの「多様性のなかの統一」が現われる。これにたいして、群系列 (Gruppenreihe) の成立には明らかになおこれ以外の作用が働いている。われわれは後にこの問題に戻る。[10]

分割する行為、したがって規則づける行為はむしろ形成する行為である、という昔の誤った考えは傲慢な精神が生み出したものである。この考えはしかし、既述の研究者のすべてが、またさらにわれわれが学び知った他の研究者のすべてが、リズムを研究していると思いこみながら、じっさいには拍子を研究していた、という結果を招来したわけで、その責任を負わなければならない。かれらのうちのひとりとしてリズムと拍子を明確に区別しない者はほとんどいないけれども、かれらの区別というのは、拍子のふたつの基本的種類、あるいは拍子のふたつの段階を区別しているにすぎないものであったし、現にそうである。つぎのような疑問は一般に発せられることとさえないし、いわんや解答を得ることは望めないだろう。すなわち、「拍子は人間のはたらきの領域外で生じるものか否か」、「脈搏は拍子か否か」、「全植物界やそのうえ広く全宇宙をあまねく支配しているありふれた周期的事象と拍子とはどんな関係にあるか」、「拍子のないリズムは存在するか否か」、「リズムのない拍子は存在するか否か」。**注意深い読者にとって、〔つぎのような〕われわれの解答は本質的にいまやすでに疑う余地はない。すなわち、「リズムは——生物として、もちろん人間も関与している——一般的生命現象であり、拍子はそれにたいして人間のなすはたらきである。リズムは、拍子が完全に欠けていても、きわめて完成された形であらわれうるが、拍子はそれにたいしてリズムの共働なくしてあらわれえない。」

論を進めるまえに、われわれは、このような規定はたんに用語の相違にすぎない、として片付けてしまおうとする異説があることを思い出さねばならない。〔この異説にしたがえば〕「リズム」や「拍子」のような名称と結びつく意味感情（Bedeutungsgefühl）は、この種の根本的概念を区別するための正当な根拠を与えるには十分明確ではない。だから、このふたつの言葉によって、ただひとつの事実が言い表わされていると考えるのも、異なる種類の事実が言い表わされていると考えるのも研究者の自由である、というのである。こういう判断をくだす者は自分の意味感情を十分に「動員」しなかったことになる。ほんのすこし考えただけでわれわれにはわかることである。

拍子が規則現象だとすれば、拍子は、一方では規則の単純さを伴うことにより、他方ではその現象の明晰性を伴うことにより、完全なものになる。規則のもっとも単純な形態は完全な規則的系列[11]であろう。しかし、規則的系列についてはさしあたってまだこれ以上の論及はしないことにする。規則の二番目に単純な形態は強音と弱音、あるいは揚音と抑音、あるいは長音と短音の持続的交替であり、その形態のもっとも明瞭な表現形式は、偏差に気づかないまでに高められた、たがいに対応しあう音強、音高、音間の一致である。さて、もしかりにリズムが拍子と等しいとするならば、肩がこるほど正確にメトロノームにしたがって演奏する初心者の方が、メトロノームどおりに正確にはけっして演奏しない専門家よりも、詩句を韻律にしたがって朗読する子供の方が、韻律どおりにはけっして読まない朗詠家よりも、また、分列行進の方が、ひじょうに優美なメヌエットよりも、リズムの完全性の点において優ることになる。そしてまた、運転中のあらゆる機械の方が人間のリズミカルな共同作業よりもリズムの完全性においてまったく優っているだろう。また、振子時計のティックタックの音や、蒸気ピストンの圧撃音や、電動機の交替破裂音と比較するならば、舞踏や歌唱は低位のリズム現象を意味するにすぎないだろう。誰もこんなことを認めるわけにはいかない！われわれは、メトロノームどおりに正確に再現された音楽、韻律にあわせて朗読された詩句、分列行進など、すべてこれに類する事象を、比較的魂なきもの、死せるものとして体験し、このような作業をつねに「機械的」という名で呼んでいることに注意しよう。「機械」という言葉を用いて表現するならば、機械はもっとも完全な規則現象であり、機械の運動はリズムを否定する！と言えるのである。

＊　今日の状況下では、読者のだれしもがすでに現象学的思考に習熟している、ということを期待するのは妥当でないので、「客観基礎系列」の存在がおよそ直観的に知覚されることはけっしてありえないことを説明しておいても、おそらく余計なことではなかろう。無制限にただ体験されるという韻律系列はけっして存在しないし、また存在しえない。それゆえ、まえには、韻律系列は経験可能なもの[12]、とのみ述べておいた。われわれの経験は同時に体験内容を加工する精神活動に依存するからである[13]。——われわれに直観的に与えられる系列はどういうものであるかを考察してみると、おそらくつぎのような結論が下されよう。

まず第一に、われわれは音の交響あるいは混音の問題とかかわりあう。われわれが認めようとするとおり、少なくとも二つの打音は第三打音が響くたびごとに共鳴するからである。つぎに、持続音は感情にたいして、あるときは興奮させ、あるときは撹乱させる作用をおよぼす。最後に、その作用によって独特の事象体験がひきおこされる。運動あるいは流れを見たり、雑音あるいは長く持続する楽音を聞いたりするとき、事象体験は〔運動や〕音を細分化することにより感情と特徴的に区別される。そして、あらかじめ述べたように、事象体験はまさに拍子づけに参与するが、しかし、規則的単音系列の捕捉を妨げる。したがって、単音系列のなかには、たとえば、一―二―三―四―

五—六—七などと順次加算していく数かぞえのごときものの誘因を、形成しうるようなものはあきらかに存在しない。そのためには、むしろ無意識的あるいは意識的抽象化のすべてを前提とする打音の捕捉が要求される。無意識的抽象化は音高、音強、音色、音長、余韻および音の発生場所によってなされ、意識的抽象化は音系列の外面的事象として発現する性質とそれをふたたび内面化させる拍子づけによってなされる。このような精神活動の究極の所産として「客観基礎」系列は残存する。その個々の分節肢は望むならば計算することができる。[14]

** 著者は若年のころ、リズムの概念規定を、自然研究者、哲学者、美学者、詩論家、音楽学者らの書物から数多くノートした。それらは部分的にたがいに一致する点もあるが、一致しない点もある。しかし、概念規定からリズムと拍子の本質的相違が明らかになるような内容のものはなく、また、前述の設問のひとつにたいして、「もし」(wenn)とか「しかし」(aber)という言葉を用いないで解答を与えるに足るような仮定を含むものもひとつとしてない。整理したノートは残念なことに紛失してしまった。だが、〔いま残っていたとしても〕どっちみち、われわれの仕事に余分な重荷となるだけだろう。つぎの吟味だけですでに十分であろう。

フィヒテ、ヘーゲル、ヴァイセなどがリズム現象にも存すると言っている弁証法的図式主義(der dialektische Schematismus)については、今日、もはや言葉を費やす要はない。——A・W・フォン・シュレーゲルはリズムをまったく創作と同等の扱いをし、激情を表現するのにふさわしい運動を調整するもっともすぐれた手段はリズムのなかに認められると思っている。——ヘルバルトの透徹した考察はもっぱら拍子のある種の作用に向けられている。これについてはなお論じられるだろう。——ロッツェはリズムと拍子をどの箇所でも判然と区別しないが、彼からはこれ以外のことを期待しえないにしても、リズム現象に多くのきめこまかな省察を加えている。彼によれば、リズムの印象は、生命活動を妨げている特異な抵抗を克服する「生活動の直観」(die Anschauung einer lebendigen Tätigkeit) に基づく。彼はまた、〔リズムは〕「秩序を順次止揚していく運動によって表現された時間における、さまざまな重要な事象の秩序」だと言う。こういう言い方はなお予感的観念論の域を出ず、遺憾ながらあまりに多くの思想を含むので、本来なにを言わんとしているかを確実に知ることはできない。——R・ヴェストファールはギリシアの芸術理論の研究で多大の功績を残した人だが、彼は（あきらかにアリストクセノスの説にしたがって）人間精神のなかにその原理が求められるべき時間の分節化にリズムの本質を認めている。——H・リーマンによれば、リズムは「容易に追求可能な時間の等間隔分節化を阻止することによって生ずる音強の変化、および音系列の速度の変化の秩序」である。——Th・リップスは純粋に強弱のリズムと長短のリズムを区別している。〔彼によれば〕前者は独裁的従属の原理にしたがう多くのさまざまな要素の秩序であり、後者は平等の原理にしたがう統一的包括的量の分割である。——モイマンによれば、リズムの把握はつねに継起する諸印象の全体への主観的総括に基づく。——ビューヒャーにしたがえば、リズムは、あらゆる労働にさいして、力の消耗を最小限にとどめようとする努力から生み出される。彼の説によると、「リズムは、力の消費をもっとも経済的ならしめるよう調整する要素として、動物の身体の自然的活動のすべてを支配すると思われる。」――R・ヴァラシェークの、音楽の起源に関する諸研究は、共同作業を可能にする基礎としての拍子にのみ関係するものである。――A・ホイスラーによれば（啓発的な彼の著書『ドイツ韻律史』[15]において）、「リズムは感覚的に測定可能な時間の分節化にたいする包括的な名称」である。

これらすべての規定、および他の数多くの規定を顧みると、リズムの源泉として、たえず、精神的規整欲求（ein geistiges Anordnungsbedürfnis）が著者たちの念頭に浮かんでいることは明らかである。彼らがそれを人間の内においてのみ適合させようが、あるいはすでに動物のなかに見出していようが、あるいはまったく宇宙構想のなかに置いていようが、問題ではない。

第三章　分節的持続性としてのリズム

〔ギリシア語の〕rheein（流れる）に由来するRhythmus（リズム）を字義どおりに解釈するならば、流れるもの、したがって、不断に持続的なもの、であろう。規則の現象はたえず分節されてゆく系列の形態をとるが、系列は持続性に欠ける。巻尺の上に規則的間隔で引かれた可視的な線は巻尺という現象の持続性を中断する。規則的に並べて打たれた庭垣の杭は杭と杭の間の空間を間隙という形に変える。柵という形においてもリズムが現われうることは否定しないが、このことを論拠づける前に、リズムが現われるのはたしかに間隙そのものにおいてではないことを確認しておかなければならない。

ここで、だが、たんに持続性だけでは〔リズムの〕意味規定にとって少なくとも十分でないという考えが浮かぶ。われわれは黒板を、それが平面の持続性を示しているとはいえ、リズム的とは呼ばないし、持続的に速度を加えていく石の落下運動や、たしかに間隙のない時間経過を象徴化した直線をリズム的とは言わない。それでもなお、リズムは分節されたものでないと言えるだろうか。(直観的)持続性と和解するある種の分節があるのだろうか。われわれはひとつの観察例を挙げて答えよう。その例が感受性の高い観察者にひきおこされるリズムを無際限に含むかどうか、あるいは、その例が、われわれにとって、ともかくリズムの主要な特徴を開示するにすぐれてふさわしいある性質によって、リズムを暗示するにすぎないのかどうか、こういった点はさしあたりまだ決定しないままにしておこう。

　水波は、それがまず眼に映じ、そのあとではじめて耳に聞こえるとしても、やはりひとつの運動であり、運動はいずれも時間の経過とともに進行する。波ひとつない鏡のような池があって、その真中に石が投げこまれたと考え、視線を、波紋を追って移動させないで、たとえば〔水面の〕動きを知るために浮かべられた木片の位置に固定せしめるとする。そこで、波の運動はいかなる点において二拍子と比較され、いかなる点においてそれと区別されねばならないかを問題にしよう。――抑音が揚音に続くとおなじく、波の谷は波の山に続く。両者は境界を画する働きをする打拍に相応する。ところが、その打拍は〔境界が〕明確でないのである。中間位置が無限に変移するのにあわせて、上昇運動は下降運動へ、下降運動は上昇運動へ滑らかに移行する。したがって、上部の転向点にも下部の転向点にも切れ目が生じない。そのかわりに、弧線のなかにまさしく認められる分節によって、細分できない運動の持続性が直観的にはっきり現われてみえる。すなわち、交互に反対方向に揺れる持続的交替運動の結果、その持続性が静止位置によってあきらかにされる。数量的に扱うために、波の運動をいわば振動する分子の連鎖に置きかえて考える物理学者にとっては、波の運動は大体において振子運動と一致する。ここでは元素とか事物とかを問題にしているのではなく、もっぱら現象について論じていることをたえず心に留めている者のみが、われわれがいま波動現象と振子時計の打拍現象の本質的差異を究めようとしている、そのための考察に従うことができ、それゆえまた、みずからその考察を進めることができるだろう。

本書の読者なら、はじめに音声記号[16]に注意を払い、つぎに個々の単語に注意し、最後に語の意味を引き出す、という〔ばかげた〕ことはしない。目で記号を見流すや、たちどころに、もはや、かれの心は記号が表わす意味を摑みとってしまっている。同様に、拍子を聞くということは、すなわちその生起を確認することである。それに反して、さて、「波の運動の」転向点の知覚は、波の山の知覚、あるいはおなじく、波の谷の知覚のあとに続く。打拍と波の運動のばあいは、些細ではあるが明白な中間時点があることによって、音声記号のばあいと区別される。事象の境界はそれが出現する瞬間に意識にのぼり、まさにそれゆえ〔事象を〕区分する柵を形成し、その柵によって事象自体はわれわれに見通しよく単純化されて現われるが、一方、われわれは、そういった〔柵の〕助けを借りないかぎり、事象の推移形態をつねにあとからはじめて判断する〔ほかない〕。波の運動が上部の転向点もしくは下部の転向点に達したことは、振動する弧線の波に相接して知れるのである。すなわち、言いかえれば、切れ目がないがために、波の運動が転向点をちょうどふたたび通過したのちにはじめて、そのことは知れるのである。打拍のさいの境界の意味が精神の時間現象のなかに置かれたとすれば、一方、われわれの理解力が波の現象のあとからついて行くという事情は、境界標識が欠けるばあいの分節化のすべてが精神外の源をもつことをわれわれに教えてくれる。しかし、これ以上のことが、しかも、反精神的なものが波の運動にはある！

拍子にはいずれも初めと終りがあるが、波には初めも終りもない。波はじじつ初めと終りを持たないが、そうすれば、それは字義どおり「無限なるもの」である。ものにとらわれずにこのような波の特徴を観察する人から、「波がはじまったり、おわったりする」という言葉をいまだかつて聞いたことはない。観察者は、たとえば、「波が寄せたり、引いたりする」という言い方をする。波の事象は事象以外のなにものでもない。にもかかわらず、波の事象を「分節されたもの」たらしめているものは、ふつうの性質の境界ではなく、波の事象それ自体において区別されうる方向の対立である。そもそも無限なるものは、しかし、捕捉しえないものである。

だがこれにたいして、いずれにせよ無限なるものという概念があり、その概念はだれでもが知るとおり高等数学においてもっとも効果的に使用されている、と主張する者がおれば、〔その主張にたいして〕あらゆる概念はふたつの種類の判断、すなわち、把握的判断（das begreifende Urteil）と指示的判断（das hinweisende Urteil）の基礎となりうる、と答えてよかろう。一方〔の判断〕は思考対象（Gedankendinge）に、他方は直観世界（Anschauungswelt）に関係する。われわれがたとえば多角形から円形にいたるまでの図形にたいして用いる概念の対象は構成規則（Konstruktionsregel）である。ある任意の多角形の現象とそれにたいする円の現象の間ではいかなる移行もおこりえない。それゆえ、たとえば多角形という概念に接して、多角形の現象がわれわれの念頭に浮かぶとすれば、多角形の辺を「無限」に増やそうと思っても意味のないことであろう。*

概念は、判断において、あるときにはより把握的に、あるときにはより指示的に働く。把握的〔判断の〕役割は数（量）概念においてきわめて支配的であり、指示的なそれは質概念において支配的である。質概念はそれゆえ指示的判断の解釈にもっとも役立つ。赤（Röte）と青（Bläue）という〔抽象〕概念を使って、われわれは〔じっさいの〕赤い（rot）と青い（blau）を区別する。しかし、そのさい前提とされる赤と青の現象は把握されえない。盲人でも、赤と青の名称でふたつの意味単位が表現されていることぐらい十分理解し、才能さえあれば、そのうえ、光学に習熟することさえできるであろう。けれども、概念によってたんに指示されたもの、すなわち赤の現象と青の現象、を見出し、示し、区別することは断念しなければならない。これらの現象がたんに体験されうるにすぎないのとおなじく、〔一般に〕持続的なものの現象は理解力にとっては到達不可能な体験内実である。リズムと拍子の混同とともに、大むかしの生命と精神の混同は、何千という方法のなかのただひとつの方法によってのみ証明される。

* より詳細なことは拙著『魂の対抗者としての精神』(*Der Geist als Widersacher der Seele*) 第一巻[17]を参照。

第四章　意識と体験

西洋哲学は、いかにすぐれた成果を挙げたとはいえ、たとえすべてでないにしても、生命と精神の混同の上に築かれている。それゆえ、論のなかばにおいて、われわれはさしあたり波の話から離れて、生命と精神の根本的差異を前提とすることがなぜ必要かを説明する。かりに、「精神」(Geist) という名で呼ばれるものが「生命」(Leben) という名で呼ばれるものと正確におなじものを意味すると頑固に主張する人が、われわれが精神について語るたびごとに、それはXだと言い、われわれが生命について語るたびごとに、それはYだと言うとするならば、われわれはあらゆる論争の出鼻をただちにくじくために、あえてその人の主張に同意してはばからない。もしその人がこのようにXとYの根本的差異を確信したとするなら、われわれの望むところのすべてが達せられたことになり、そして、かりにその人がXとYにたいして生命と精神以外の名称を選んだとしても、そこは喜んでその人のなすに任せよう。

精神（Geist）という概念がどのように理解されようとも、その定義は、精神における意識（Bewußtsein）の共働原因を認識させるほどのものでなければならない。意識はとりわけ回想能力であり、回想能力はとりわけ判断能力である。判断があるかぎり、生命がある。しかし、その逆、すなわち、生命があるかぎり判断がある、という命題は妥当しない。ペーターは生命があるかぎり生きることを中断することはない。しかし、生命があるかぎり回想することができたというペーターは過去にいなかったし、未来にもいないだろう。多くの人は一日の三分の一を、ある人は一日の四分の一を睡眠に当てるが、夢を見ない熟睡の間は、意識は中断されており、それゆえ、「精神」という語で表わされるXはその働きを発揮することができない。熟睡、麻酔、失神がまったく無意識状態で経過しうるとするなら、生命〔という概念〕のみから、思考する覚醒状態を理解しようとするのは誤りであろう。生命に関与することによって、〔自己の〕生命の内容を回想する能力を生命の担い手に与える、そういう第二の力をわれわれは要求する必要がある。

しかしながら、この問題を明らかにすることが不可欠なことだとしても、生命の概念のそれ相応の解明がなされなければ、あまり効果はないだろう。生命を研究する自然科学者のうち、機械論者の側に立つ者、すなわち、それゆえ、生命事象を物理化学的事象とみなす者は、いま述べたことがらのなかにおそらく精神と肉体のデカルト的二元論[18]の告白が見出されると信ずるであろう。おそらくまた、かれらは、肉体の事象から意識の「諸要素」がいかに生ずるかの道程を示すことにおいても、「行動主義[19]」のやり方にしたがって意識を否定すること——によっても、「一元論的」解決［の仕方］には困らないであろう。生命事象が機械的事象か否かの論争は生物学者のあいだでまだ未解決であり、「新活力論者[20]」は機械論者といまなお争っている。新活力論者のあいだには、エンテレヒー(Entelechie)であれ、自律性(Autonomie)であれ、非物質的要因(immaterieller Faktor)であれ、機構設計(Bauplan)であれ、あるいは全体性(Ganzheit)であれ、どう名づけようが、より厳密に吟味すれば、多かれ少なかれたくみにカムフラージュされた概念——精神とはちがった基本概念を用いる者がわずかながらいる。

もろもろの面倒な事柄は人間がわざわざ作り出したものであって、今日までのいわゆる自然科学の地盤が棄て去られなくてもよいほどの［確固とした］ものであれば、それらはとっくに克服されてしまっているだろう。生命という名の事実に関する問題は生命事象という名の事実に関する問題とおなじものであり、この問題にたいする解答はさしあたり生体研究者の関心の対象外である。その解答とは、いわく、「生命事象は体験事象、もっと単的に言うと、体験〔そのもの〕であり、さもなければ、生命事象はけっして存在しない」。したがって、われわれの肉体のあらゆる細胞がたしかに生きている（leben）ということは、細胞はまた生得（体験）している（erleben）のである。もっとも、そのことについての直接の知識は得るてだてもない。また、（個々の細胞のなかに肉体が生きているように）個々の細胞がたしかに全身の細胞の連関のなかに生きているなら、個々の細胞はみずからの体験を通じて肉体の体験に参加し、逆に、肉体の体験は肉体を構成する個々の細胞の体験に参加する。さて、この働きは、われわれの意識には、外的契機からは理解できない感情という形で現われる。たとえば、眠るという行為はそれゆえ眠れる人の一体験であろう。しかし、ぜんぜん意識を伴わない眠りの状態において、われわれの自我はいったいどこに存在するのか、をいかに立証すればよいかという疑問がおそらくおこるだろう。

意志の混乱のあまり眠りの体験を忘れる人がかりにあったとしても、眠りの体験を知らないという人はひとりもいないだろう。この事実は、今日の人間にとって理屈に合わぬように思われるだけ、いっそう真実である。「つねに打算的で、平凡な人間でも、少なくとも若いころの思い出として、自分を守ってくれる母親の腕からもぎ離されて、仮借のない世の中にほうり出されたかのように思い、隠された宝を求めるような不思議な郷愁の感情を抱いて、魂の夜の生活を予感的に感じとるという覚醒の経験を持つだろう。ヘシオドスの言葉によれば、人間は永遠の子供か、または地面にへばりつく植物のようなものであった[21]。そういう金銀の時代の物語や、失楽園の物語が暗示するものはこのような情調の啓示内実である。*」

万一、このような言葉の説得力が疑わしいとしても、あきらかにまったく熟睡それ自体とのみかかわり、夢の現象とはかかわりのない[22]二三のしごく公正な根拠によって、完全な説得力がえられるだろう。周知のとおり、すぐれて調整可能なあの「頭時計」(Kopfuhr)を利用している人が少なくない。頭時計によれば、前の晩のうちに心に決めておいたとおりに、任意の夜の時刻にいつでも、ふつう十分間までの誤差の範囲内で、正確に目覚めることができる。現象学的には、この事象はまったく理解されえないか、〔理解されるにしても〕睡眠状態によって中断されない時間体験を前提としなければならない(この根本的解明はわが主著[23]の第三巻を参照)。——「頭時計」が満足に作動しない人は、おなじような決心をすると、安心して眠れないのがつねである。神経の太い人でも、〔寝入るまえに〕しばらくのあいだ寝つかれなかったことを、目覚めたあとでふっと気づくことがある。このような人は外的な資料の助けを借りずに睡眠時間を測ることができる。ときどきかなり狂うが、およそ時間どおりにうまくいくばあいが圧倒的に多い。これによって、あらためて、睡眠中のわれわれの時間体験が確証される。時間体験は現象体験の別名にすぎないのであって、われわれがまったく無意識に世界現象の特質を体験していることは疑いえないことである。

しかし、われわれは、感情の気分的側面（ドイツ語は気分 Stimmung という卓絶した名称を用意している）の変化によって、いっそう直接的に、一体験形式としての睡眠の所在を知る。眠りこんだときとぴったりおなじ気分で目覚める人はいない。まったく夢を見ないときでも、流れ去った眠りは、われわれに予感や疑念を吹きこみ、判断や決心を抱かしめ、あるいは、一日の仕事のうえに心配や不安の長い影を投ずることによって、はるか覚醒にいたるまでに体験の方向を変えることができる。少なくとも、眠りは刻々われわれの「気分を変えた」のである。睡眠中のわれわれの生命とともに、もし体験も流れつづけないものとすれば、覚醒のさいに、われわれの気分は、ちょうど眠りこむさいに途切れたところから、ふたたび始まるにちがいなかろう。しかし、気分がまったくきれぎれになって、「間をおいて、終ったところから」ふたたび始まるなどはけっして考えられないことであることはいわずもがなである。

　だが、眠りという体験内実を回想するよりももっと重要なことは、その回想によってはじめて確固と基礎づけられる体験一般の無意識性への洞察である。この無意識性がなぜ誤認されるはめになったかを理解するために、しばらく、いわゆる感覚論[24]の罪障を想起しなければならない。感覚論は、印象の体験を研究しているつもりだと言いながら、その印象の体験を、少なくとも人間においては把握的精神行為なしにはおこりえない知覚事象と混同することによって、感覚事象の理論と認識獲得の理論をかぎりない紛糾に陥れた。直接われわれに「意識される」のはもちろんつねに結果のみであるが、意識が印象と把握行為（Auffassungstat）の協働によってなされるにしても、そのことは感覚論の弁解には役立たない。なぜなら、知覚対象の分析によって体験の契機や印象や作用を理解するのに要する労苦は、化学者が分離術[25]に費やす労苦にくらべれば、もののかずではないからである。すこし例を挙げて説明すれば、このような問題とあまり関係のない読者にも事柄がはっきりするであろう。

単細胞生物の生態や反応に関する今日のすぐれた研究によれば、たとえば任意の滴虫をとり出して刺激を与えると、感覚器官を用いないでも合目的的運動を示して反応することがいささかも疑う余地なくわかっている。滴虫には視覚も聴覚も臭覚も味覚も、人間におけるような触覚もない。それゆえ、たしかにものを知覚する能力を持たない。それにもかかわらず、滴虫は刺激にたいして自在に適応し、逃げたり、求めたりする運動で示すごとく、たとえば、触覚的障害物を置いてみたり、照明を強めたり弱めたり、温度を上げたり下げたり、棲息空間の化学的環境を変えてみたり、さらにあれやこれやの刺激を与えると、それに反応する。体験の無意識性、それゆえまた刺激体験の無意識性を知らなかったことだけが、有名な研究者たちを、滴虫類は結局——意識をもつかどうか、などと詮索するような誤った方向に導いたのである！

あるいは、われわれ自身がたえずまったくそれと気づかずに諸印象を受け、なおかつ同時に、印象を受けたことを十分回想することができる例を考えてみよう。小さい子供は服を着せられることに逆らう。それは、まだ子供のころには、シャツを着せられただけですでに、この軽い衣服によってすらひきおこされるさまざまな肌の感触のため、「肌ざわりがわるい」という感情をもつからである。われわれ〔おとな〕は、こういうことにとっくに慣れてしまっていて、一般に、重い布地のいく重ねもの衣服が与える重圧感すら気づかないのがふつうである。〔このとき〕印象体験はあいかわらずおこるが、われわれにとって知覚作用の契機とはならない。それにもかかわらず、印象体験が純粋の体験であることは、真夏の日光浴や水浴のさいに気分が変化することで証明される。だが、当然好まれるその際の快感情のなかには、なるほどもはや注意は払われないが、それゆえに少なからず体験されるところの、衣服という甲冑の重荷からの解放感も潜んでいる！　こういう例証は際限なく多く示しうるし、心理学の教科書のなかに大量に見出される。ただ残念ながら、必要な結論が見出されないだけである。非日常的体験領域から例証をもうひとつ挙げておこう。それは（医者にとっては周知のことであり、「催眠術」の文献のなかではいくども認められていることではあるが）体験無意識論に対して有するその意義を明らかにするために、著者が追体験し、確証したものである。

　いわゆる催眠術の暗示のなかに「否定暗示」（negative Suggestionen）と呼ばれるものが

ある。たとえば、被術者（Vp. = Versuchsperson）が「あなたはこの部屋にいる人のうちの一人をもう認知することができません」とか、あるいはまた、「この部屋には窓はありますが、扉はありません」と暗示されたとする。あとの例の場合、Vpは、部屋から出るよう命じられると、目を開けて扉をけんめいにさがすのだが見つからず、ややもすると不安状態に陥る。扉のついている側の壁面を一歩一歩手探りでさがさせると、この研究領域の初学者にとってひじょうに驚くべきことがおこる。すなわち、Vpは扉のところまで手探りで行き、扉のところではそのまわりを手を伸ばして通り過ぎ、〔ふたたび〕壁の端まで手探りで行く。そのあと確信に満ちたふうに「この壁には扉はありません」と言いはなつ。おなじく、第一の場合には、Vpは、いないと暗示された部屋のなかの人を見つけることができない。そうして、その人にぶつかる危険はけっしてないのである。――このような本質的に類似した多くの例証から、体験と把握行為は区別されるのみならず、そのうえ簡単な方法によってときどき分離されうることがわかる。Vpがもし〔あらかじめ〕扉の直観像を体験していなかったとするなら、扉のところでそのまわりを手を伸ばして通り過ぎることはけっしてありえなかっただろう。〔あらかじめ扉の〕直観像が体験されていて、それが、直観像の把握を妨げる暗示によって「意識遮断」(Bewußtseinssperrung) が行われたにもかかわらず、Vpの行動に作用を及ぼしたのである。——人間の意識的意志行動の実践になくてはならぬいわゆる本能的衝動の全領域は、つまりは生命事象の無意識性を示すひとつの強力な証左にほかならない。

ここに示された判断と指摘がたとえ不十分だとしても、精神と生命の対立を証明しようとはあまりせずに仮定するにとどまっている仕事の枠内では、「どんな体験も意識的でなく、どんな意識もものを体験することはできない」という決定的命題を支えるのには、これで十分だと言わねばならない。それゆえ、覚醒という生命状態と睡眠という生命状態が区別されるのは、覚醒体験が意識的なもので、睡眠体験が無意識的なものであることによるのでなく、つねに無意識的な体験に、目覚めているという生命状態においてもっぱら、体験内容の回想能力がつけ加わることによる。この両生命状態の相違は、だからといって、両者が緊密に関連をもつと考えたり、ほかならぬ睡眠の生命特質のなかに両者の共通点を求めたりすることにたいして妨げとはならない。われわれはこの場で、覚醒状態において精神がつけ加わることは別として、覚醒と睡眠の交替を基礎づけるあの体験の特質を展開させることはできない。ただ、覚醒は睡眠によって引き裂かれるが、おなじふうに睡眠が覚醒によって引き裂かれることはない、[26]ということを確認することで十分である。覚醒――すなわち、ちなみに言うならば、肉体感情――の波うつ下を、睡眠――すなわち、霊的直観――の流れが絶えず流れ続けている。覚醒と睡眠の時間的交替は生命のリズムの交替に根ざすのであり、およそあの持続的な〔生命体験の〕流れの中絶に根ざすのではない。

体験の無意識性という概念の核心に迫る者のみが生命という概念のたんなる名称以上のものをいまや獲得したのである。この名称は、あらゆるほかの名称とおなじく、精神の名において生命事象がおこったり、生命の名において精神行為がなされたり、名称が誤って使用される点で少なくとも例外ではない。生きているということは体験しうるということと、そればかりか、持続的に体験するということと一致することがいまやわかった。だがそれと同時に、体験はその誘因の回想と結びつかねばならないというとんでもない結論をそれから引き出す危険からも免れた。――野生で繁茂する植物の生長のなかに、先史時代の人類が心の奥底の体験の、あるいはかつて言われたごとく、魔的な体験の象徴を認めたとしても当然である。しかし、「植物は太陽光線を意識し、葉を意識的にその方に向ける」という馬鹿げた話が最近の感覚論者のためにわざわざ大事に残されていた。このような歪曲された自然観にたいして、ひとりの人物の叡智ある言葉に助勢を頼むことを許していただこう。その人物は、詩人としてはるかに偉大だったのか、思想家としてはるかに深遠だったのか、いまだ決着がつかない。すなわち、ゲーテのことだが、

すべて　まこと真実の労苦は
無意識の瞬間にのみ　報いられる
いったい　バラはいかに咲き競えよう
もし　太陽の壮麗さを識るならば(27)！

——われわれは、主として睡眠と、精神の働きを許す覚醒との対立に即して、体験と意識の対立を解明してきた。おわりになお手短かに、この対立と、リズムと拍子の対立の間に横たわる関係を考察してみよう。

拍子づけは、あるいは無意識的に、あるいは意識的になされる作業のひとつであることをわれわれは知った。すでに周知のことがらをくりかえすにすぎないが（その多様な可能性を

説明することがこれまでの研究をみごと成功に導いたおもな努力であった)、基礎的な生命事象をもうすこし綿密に述べるならば、人間が時間現象をみずから拍子づけるのか、あるいは拍子が〔はじめからあって、それがわれわれに〕聞こえるにすぎないのか、いずれにせよ、人間は緊張と解放(より厳密にいうならば、緊張 Spannung と弛緩 Entspannung)の交替を体験する。緊張がつねに反復するということは、緊張を体験する人間の力の消耗をつねに反復的に要求することを意味するので、拍子を体験する人、すなわちもっと気に入った言い方をすれば、リズムに拍子を感得する人は、つねに新たにはじまる活動状態のなかにいる。回想しうるためには、まして行為しうるためには、たしかに目覚めた状態でなければならない。ホメロスの言葉によれば肉体を「解放する」という、そういう熟睡状態では、思考することができないのみならず、作業することもできない。精神的活動状態の体験としての拍子の体験は、覚醒させ、覚醒状態を保つ。それに対して、リズムの体験は、もしそれがじっさいにいわば意識下でなされるとすれば、その支配力が増せば増すほど、すべての緊張を解き、それゆえ、とりわけ(!)睡眠状態に導きうるだろう。経験がわれわれにその裏づけをしてくれる。しばらくのあいだ、ゆったり動く海のリズミカルな波打つ音を聞き、同時に、なお波の動きを目で追うと、まもなく緊張が解けて、夢見心地になり、状況しだいではついに眠りこんでしまう。

「生きること」（leben）はわれわれにとって「眠ること」（schlafen）とおなじようなものであり、そしてリズム体験は、われわれが述べたとおりだとすると、危険にも睡眠薬の作用に似ているではないか、と読者が万一ここでそうわれわれにわからせようとするならば、われわれは読者につぎのことをじっくり考えてみるよう頼まなければならないだろう。生命事象と精神活動とを、また、体験内容と意識の対象とを区別することがまず重要であり、そのうえ、無意識的な睡眠体験の特性を指摘すること以外にすぐれて役立つものはほとんどない、と。この区別がわかってしまえば、意識のこなたの世界[28]の高さ、広さ、深さをすべて理解し、指摘するために、睡眠体験の資料を調べたり、覚醒中の無意識的感覚印象を調べたりするまわり道はもはや不要である。睡眠が体験の一形式であるという考えに親しめる者は、簡単に実験を行なって、〔それによって〕目覚めた体験の充実さや強さが増すにつれてしだいに意識がうすれ、ついには、もちろんまれな特例ではあるが、意識が一時的に消滅する事実を抵抗なく確信するだろう。海辺の日没とか、恋人の姿とか、ベートーベンの交響曲とか、とくに自分の心を襲い、捉え、感動させた例を各自選んでみるがよい。そうすれば、われわれの心を襲い、捉え、感動させる度合が強ければ強いほど、日没や恋人や交響曲のイメージはいっそう心に充満し、そのイメージはわれわれの思考や意志の対象になりにくくなる、とわれわれが主張するとき、諸君はそれに賛成してくれるだろう。生命の担い手が体験内容のなかに「現われ」(aufgegangen)、完全にそのなかに「沈潜し」(vertieft)、完全にそれに「没頭し」(versunken)、そして生命の波が引いたあとではじめて、「ふたたび我に帰った」(wieder zu sich gekommen) と、こういう言葉でわれわれが判断したとするならば、その言葉はほかのなにものをも意味しない。

* 拙著『人と地』(*Mensch und Erde*)、第五版、一九三七年、五二ページ参照。

第五章　リズムの打拍可能性について

拍子体験は〔われわれを〕覚醒させ、その覚醒を保ち、リズム体験は緊張を解いて夢見心地にさせ、ついにはおそらくまったく寝入らせてしまう、としておこう。だが、ときどき、鉄道車両のなかで、車輪の、しかも機械的な拍子音をなにげなく聞いていて、心がほぐれて夢見心地になり、ついにうとうとしてしまう、という経験を持ったことのない人がいようか！　こういう事実が現にあるわけだが、これは拍子の作用の発端を説明する反例にはならない。弛緩させ、緊張を解くのは、車輪の拍子そのものではなく、この場合、それと不可分に結びついている、運ばれていること（Fortbewegtwerden）の体験である。自動車の場合は、運ぶということにかかわりはないけれども、ただかなり「無拍子」であり、ふつうは乗客の意識喪失をひきおこすことがない。この自動車と比較すると、列車に乗ったときのリズムの働きには、車輪の拍子がもちろん関係しているが、その動きは車輪の拍子のみからおこるのでないことがまず結論づけられる。運動の持続性についてはこれまで波〔の運動〕に即してのみ説明してきたが、運動の持続性がリズムになるために必要な周期的変化は、あきらかに拍子を導入することによっても生じうる。〔ただしその場合〕運動状態の持続価値が、境界づけ作用をする音響の分割価値よりも優勢を保つことが前提とされる。

列車が進行中は、数時間なにも仕事をしていなくても、仕事をしていないということを感じることなく乗っていることができる。しかし、列車が停留所にほんのおよそ十五分間でも停車すると、とたんに、横道それて旅行の目的でも考えないではおれないような、いたたまれない、いらだたしい緊張状態におちいる。たまたまその間、近くの工場の機械の蒸気ピストンの規則正しい音がたえまなく聞こえてきても、それぐらいではこの緊張は緩和されない。われわれはたしかに列車が動き出すときにのみ、運ばれているという直接体験をもつ（途中、もちろんときどき、この体験は速度の変化によってあらためておこる）。しかし、われわれがもつこの体験はたえず間接的である。レールの継ぎ目の上を走る車輪が瞬間瞬間ガタゴト音を立てる、その音が驀進の徴標となるからである。ついでに指摘しておくと、「記号で表わされたものはその記号から解明される」という古くさい謬説に気をつけなくてはいけない。立腹した人を偏見なく見るとき、最初は、語る立腹者の顔の輪郭を注視することなしに、顔の輪郭がわれわれに及ぼす作用を基として、立腹者そのものを見ていると思いこむのとおなじように、精神を働かせなくとも、列車の進行は車輪の音で感じとれるのである。それゆえにのみ、ほかならぬこの程度に似た機械の拍子によって、われわれは緊張緩和的なリズムの波動に乗る。万一、機械の拍子それ自体が進行の原動力であるとしても、拍子が進行を表示できなくなれば、その効果は消滅するか、もしくはいちじるしく減じる。蒸気船の機械のピストン運動はたしかに船の進行の原因ではあるが、その徴標では断じてない。帆船はピストンのストロークなしに走る。そしてわれわれは、蒸気機関が運転を始めてもまだ進行の効果をあらわさない例をどれだけ再々見たり聞いたりしたことか。したがって、航行する蒸気船において、閉めきった食堂のなかまで侵入してくるピストンの拍子音は、じっさい、汽車の車輪の音のリズム効果を目指すどころか、それとはほど遠く、ふつうそのうえ耳障り以上の苦痛を感じさせる。これに対して、漕艇の拍子の場合には、それがボートの進行原因を視覚的に捉えさせるので、すくなくとも同時に航跡の水音を聞いている人にとっては、リズム効果があらわれる。

すでに明らかになったリズムと拍子の対立は、したがって、ある場合に、運動の持続性がリズムとして体験されるためにはまず拍子がそれに加わらねばならない、ということと当然矛盾しない。それゆえ、運動が少なからず〔リズムの〕決定的要因としてとどまる。むかしから、さまざまな民族が幼な児を寝入らすために揺籃運動を利用しているが、そのさい問題となるのは、だれしもが思うとおり、ゆさぶり運動（Schaukelbewegung）であって、その運動において不可避の転向点（Wendepunkt）ではない。いまたとえば、ゆりかごをゆさぶるたびごとに、めだつ程度にしばらく、不安定な状態の位置で静止させ、小休止によって拍子を強調させようとするなら、乳呑児は寝入るどころか不安を感じ、おそらく泣き出すだろう。――ことのついでに、いまいちど、リズミカルなゆさぶり運動がまたとなく深い快感を与える効果をもつことをあらかじめ理解しておくために、有名なフィンランドの「ルーネ歌[29]」の成立事情を想起してみよう。二人のルーネ歌人がたがいに向かいあって坐り、たがいの手をとり、上体を前後交互にゆさぶり、ゆさぶり運動のリズムにあわせて歌を作りはじめる。そのとき、正歌人（Hauptsänger）が伝承されたやり方に従って歌節を始め、随伴歌人（Mitsänger）がそれをくりかえして歌を閉じる。このルーネ歌成立の過程は、詩人がときおり歌唱形式によっても伝えている。

愉快な仕事だ　やってこい
ルーネ歌つくろう　同胞《はらから》よ
楽しい歌を　うたおうよ
カンテレ[30]弾いて　うたおうよ
きみのその手は　ぼくの手に
ぼくのこの手は　きみの手に*

無意識的な拍子が、かならずしもそうとはかぎらないのであるが精神作業（傍点訳者）にその源泉をもつことをまえに指摘したけれども、それと同時に、リズムと拍子が、本質的に異なる発生源をもつにもかかわらず、人間のなかでたがいに融合しうることが明らかになった。リズムの打拍可能性に関するわれわれの挿入的説明はいまやきっとそれ以上に明確になにかを示している。なぜなら、すでに存在するリズムでさえも、事情によっては、拍子づけによりわれわれへの作用効果を強めるからである。このような事象が、われわれが鋭意強調するリズムと拍子の対立説とまだうまく適合しようとしないので、いささかの不安が残ることは否めない。〔両者の〕外見上の矛盾をより綿密に追究する責務をわれわれは感じる。だが、そうするまえに、これまでわれわれを導いてきたこの対立を、別の面から照明をあてることによって、なおいっそう鋭く浮彫りにしなければならない。

* オットー・ベッケル著『民衆文芸の心理学』(*Psychologie der Volksdichtung*)、一九〇六年、三五ページ参照。

この本は民謡の成立と内実に関する、他に類をみないほど包括的な研究書であり、〔この問題に対する〕著者の心深い傾倒のほどを示している。

第六章　反復と更新

どんな振子時計も数学的に正確には動いていない。だが、その正確さの欠如はふつうめだつ限界にはるかおよばないほど〔ごくわずかな程度〕であり、したがって、現象の範囲にはいらない。それに対して、自然の水波はいずれも振子の場合とはっきり異なる。拍子が同一者（das Gleiche）の反復（Wiederholung）だとするならば、リズムは類似者（das Ähnliche）の再帰（Wiederkehr）だといわねばならない。さてまた、類似者の再帰は、過ぎ去ったものとの関係において、その過ぎ去ったものの更新（Erneuerung）を表わすので、単的に「拍子は反復し、リズムは更新する」と言うことができる。

リズムの生命所属性（Lebenszugehörigkeit）は、拍子の精神所属性（Geisteszugehörigkeit）とは反対に、持続性の事態におけるよりも更新の事態においてより鋭く現われる。なにかが反復されるときには、その反復されるべきものは後続者がならう原型（Muster）の意義を引き受けたことになる。ならう（sich richten）ということがおこりうるとき、模像（Nachbild）を作り出すか、もしくは、原型と模像をともに作り出す知力がはたらく。精神をもった生物のみが、拍子をまえの拍子の模像たらしめ、尺度を基本尺度の模像たらしめ、個々の工場製品を製品原型の模像たらしめうる。これにたいして、精神のない自然には模像も反復もない。どんな水波もまえの水波の模像ではなく、どんな幼樹も母樹の、どんな幼獣も母獣の、どんな木の葉も他の葉の、どんな獣皮の毛も他の毛の模像ではない。自然界はその推移のうちにたえずくりかえし新しいものを生み出す。しかし、その無数の系列のなかの区別しうる個々の部分はたがいに類似している（ähneln）。

われわれはすでにまえに、類似体験のなかに現象の直観性の基礎を認めたが[31]、いまわれわれは、つぎつぎとおこる体験内容のじっさいの類似性のなかにあの〔類似〕体験を可能にする基礎を認め、同時に、その体験と同一者の反復とが根本的に異なることを認める。同一者とは、一種の思考の産物であって、人間の作為により、完全に正確ではけっしてないけれどもおおよそ正確に、直観要素のなかで実現される。類似者とは、われわれの精神活動とは無関係に生ずる体験内容であって、われわれの思考はそれをただ指示（hinweisen）しうるのみであって、理解したり、測定したりすることによってわがものとすることはできない。おのおの任意の直観像のなかの区別しうる諸部分および諸側面相互のあいだの類似は、ただちに、区別しうる直観像相互間の類似をもおそらくもたらすだろう。そしてこの類似性は、いままでにそのことを暗示しなかったこととはいえ、普遍的なリズム学（Rhythmik）〔の成立〕を予想せしめるであろう。このリズム学に関して、まず体験され、理解されるものは、〔皮肉にも〕リズム学に編入させられることを拒むもの、すなわち、妨害とか中断として作用するものであろう。ところで、われわれは、そのための例証をあえて数多く集めることにより、しかもそれを解釈したりせずに、まずすこしでも数多く示すことにより、〔いましばらく〕余談に花を咲かせて、足踏みせざるをえないだろう。

　現象学者は直観的なものから出発し、まったく直観像だけによって現象学の根本概念をおのずから明らかならしめねばならないとすれば、それだけに、このことは、現象学者がいつまでも直観像を固執しなければならないことをけっして意味しない。あるときは現象からその現象のなかの現象へ、あるときは直接的現象からその媒介によっておこる〔間接的〕現象へ、というふうに、さまざまな方向に進んでよいどころか、そうしなければならない。リズム現象の直接的直観性によって自然の諸推移が明らかにされた今となっては、直観の記憶を利用することによってリズムに関する知識を敷衍することをわれわれは躊躇しない。つぎのことを理解するためにも、もはやこれ以上の躊躇を要しない。

境界はけっして明確ではないが、おそらく明確に近い状態の中間時（Zwischenzeit）に交替するものとして、明暗、潮の干満、月相、季節、植物界の諸形象、などがある。覚醒と睡眠、爽快と疲労、空腹と満腹、渇と水分嫌悪、さらにそのうえ、性観念のない原始人における性交欲求もおなじように交替する。上昇と下降が反復的周期的に交替するところの波状運動をおこすのは海ばかりでなく、森や穀物畠や移動砂丘も風の影響で少なからずおなじ運動をする。それゆえ、溝と畦の波に似た形や、おなじく、砂丘やバルカーネ船(32)の波の形にリズムを認めても不当でない。植物の葉が周期的に上下するのは二十四時間の温度循環に相応する。根の生長の速さが周期的に加減するのは一日の時の変化に相応する。さらにまた、新芽の生長の循環のリズムもおなじ現象である。そればかりか、最近の研究の結果によれば、生長の経過はけっして直線的・持続的におこるのでなく、リズム的・持続的におこる。——

とくに人間の肉体的および精神的生活を観察するならば、なおさら、人間生活を遅滞なく完全に支配しているリズム現象にぶつかる。すなわち、脈搏、呼吸、女性の月経、体重の日毎年毎の変化、身長の日毎の変化、そして、たしかに身体の変化に基因するところの、仕事の喜びによって感情が昂揚した時と冥想的内省を求める時の交替、などが想起される。ロマン主義の哲学*はここから古代の数象徴に遡ることができたのである。そのことをつぎの機械時代の人は嘲弄した。現代人はそれを模倣しようとした。その際、〔だが現代人は〕予見しうるとおり、〔たんなる〕算術に脱線した。——

肉体のリズム学のためには近似値を期待してもよい。しかし、言語習慣上機械的事象（die mechanischen Vorgänge）と呼ばれている抽象的事象（die abgezogenen Vorgänge）の場合とおなじように、生命事象（Lebensvorgang）を計算しようとしてはならない。性の成熟と後退は年単位の幅で誤差がある。歯の生えかわりは月単位、誕生や女性の月経や病気の峠は日単位、疲労や食欲は時間単位の幅でそれぞれ誤差がある。呼吸の深度と持続時間、脈搏の回数と強度はもちろん一日のうちで循環しているが、だからといって、ただちに、たとえ情緒的にたいへん安定したきわめて健康な人であっても、毎朝正確におなじ朝の脈搏をし、毎晩正確におなじ晩の脈搏をし、毎日正午に正確におなじ体温をもつ、とは結論づけられない。むろん、はっきり目立った周期の範囲内で、ただ計算はできないが、すべて微細な点で変動がある。なぜなら、捕捉しうる側面を正確に測りつくせば、結局、どんな脈搏もどんな呼吸も完全に前とおなじということはありえないだろうから。平均妊娠期間は太陰月の周期によっても恒星月の周期によってもきっちりと割り切れない。何千年のむかしから知られている七年という歳月の循環の意義は、人によって、またおなじ個人においてもその人の生涯の時期によって、大なり小なりの変動がある。有機体においてはすべてが更新するのであって、反復はしない。反復は計算しうる（berechenbar）が、更新は評価しうる（abschätzbar）のみである。——したがって、飛び行く渡鳥の羽ばたきのなかに、未調教の馬の速歩のなかに、魚が波状に体をくねらせて泳いで行く姿体のなかに、リズミカルな脈動があるとみなすとき、それはそのまま理解できるだろう。しかし、たとえばわれわれがほんの一時間でも拍子に合わせて呼吸することができないとおなじように、動物が拍子に合わせて飛んだり、駈けたり、泳いだりできない事実をつけ加えて示すならば、このことをもわれわれはそのとおりだと言わざるをえないだろう。

たとえ右に述べたことに賛同することをためらう人でも、ロマン主義によって是認された古代人のあの説得的な思想の洞察力を認めないわけにはいかないだろう。古代人は不思議な英知でもって個人の生命を、なおいっそう緊張したリズムの観点から解義しようと試み、衰弱や死のなかに後代の言葉で言う「退化」(Involution)、すなわち、生成、成長、開花における「進化」(Evolution)と対極的な――「退化」を認めた。また、〔古代人によれば〕死者は生まれ出て来たところへ、母体のなかへ、すなわち、大地へ戻る、と考えられ、こうして、個体はすべて生命の隠蔽状態から、顕示状態を経て、隠蔽状態に戻るという円運動を意味し、円上の次の生命はすべて更新を意味した。――エレウシスの秘教導師(Hierophant)は密儀の参加者たち(Mysten)に深く沈黙したまま刈穂を示した。[33] それは完成(Vollkommenheit)の象徴だった。植物の生命は種子のなかで完成し、種子から生まれ出ることを刈穂が明示しているからである。「必然性の円」(Kreis der Notwendigkeit)と「進歩」(Fortschritt)の接線を混同しているわれわれ現代人が[34]「死者は子供に生まれかわる」という信仰のなかに文学的な比喩のみを見ようとすることがかりに許されるとしても、現象学の立場から、生命が順次世代から世代へと受け継がれていくのを種族の間を流れるリズムから理解し、同一者の反復は論外として、つねにただ類似した周期においてのみ、類似した現象がリズムにしたがって再帰する、という考えをもわれわれは否定しはしないだろう。話をもとに戻そう。

細心に注意を集中してタクトを振る新米の機械的演奏と、完成の域に達した音楽家のリズムに乗った演奏とを区別するものは何か、をわれわれはいまや知っている。後者の場合には、旋律の動きがあらゆる小節にはりつめ、生気ある振動で休止を満たしている。前者の場合には、ただ感じうる程度にすぎないが、それを越すとリズムの混乱がはじまるだろうと思われる幅の範囲内で、テンポがたえず動揺するにまかされる。そのなかには連続の法則や、いわんや振れの法則はけっして見出せないだろう。これとちょうどおなじ特質が、ダンスが分列行進にたいして有する優越性、真に人の心を捉える詩の朗読が韻律どおりのむしろ滑稽な子供の朗読にたいして有する優越性、を基礎づけている。さらに、中世の荒削り石の建築がおなじ様式の近代建築よりも例外なくリズム的であるとわれわれに思わしめるものは何か。それはまず、当時の人が〔近代人よりも〕はるか確実に身につけていた平衡性（Proportion）〔の産物〕である。そこにはバランスのとれた配置のリズムが、リズムに制約された拍子の揺れとともに感じとられる。つぎに、だが当時は、工場で石を正確におなじ大きさに切断し、それを用いて建築するということが避けられたこと、その結果、きわめて様々な継ぎ目の線によって織りなされる魅力的な多様性が壁面に生命を与えることになった、という事情もある。結局、同様にして、あらゆる手仕事が例外なく実質的に均一な機械仕事よりもリズムの点で優っていることとの決定的な根拠を、われわれは持つことになるだろう。おなじ見本から作られた絨毯でも、工場製はいずれも手織りにくらべてリズムの力の点で劣る。おなじ文字でも、印刷されたものは、どんなに優秀な印刷であっても、人の手による書芸に劣る。また、おなじ拍子でも、打穀機の拍子は四人の腕で打ち振られる打穀棒の拍子にくらべて同様のことが言える。持続的な推移のなかで更新される諸要素間の差異はつねにただ感じうる程度の振幅の範囲内で認められるにすぎない。その差異が有機体の作業を機械的作業から区別している。機械的作業にはそれが欠如するために、拍子づけられた運動過程をリズムの振動で満たしうる唯一の条件たる脈動的波立ちが欠けるのである。

＊　卓越した生理学者ブルダハはかれの小著『人間生活における時の計算』（*Die Zeitrechnung des menschlichen Lebens*, 1829）のなかでもっとも明晰に述べている。さらにくわしくは、生理学に関するかれの著書を参照。

第七章　リズムの空間・時間性

われわれが最初に言及した、誤った概念規定[35]のためにわれわれのリズム理解を狭めていた垣根が、これまでの例証によってすでにつき破られた。したがってまた、これまでの前提どおり、リズムはたんに現象の時間性を支配するにすぎないのか、あるいは現象の空間性をも支配するのか、を決定することにより、その垣根をわれわれの頭からも早くとり除いてしまおう。芸術家であればためらわずにリズムの空間性を肯定するだろう。すでに述べたごとく、われわれが建築物のリズムとか、筆跡のリズムとか、あるいは樹皮の紋様のリズムとか、葉脈のリズムとかといった言葉の用いかたをするとき、芸術家はそれを理解し、奇異には感じない。熟したクルミの殻上の筋、迷路のようにねじれた種子の襞、さらに、樹皮の内側に木喰い虫が掘ったこみ入った穴道、これらは不規則で、それゆえまたとおなじものはありえないが、しかも完全にリズム的だとわれわれが主張しつづけるならば、芸術家はそれにも反対しないだろう。これは転義にすぎないのだろうか。それとも、とくに時間的な詩句のリズムにおけるとおなじような、なにか原初的なものなのだろうか。答えはこうである。「時間的であって、同時に空間的でない現象、または、空間的であって、同時に時間的でない現象は存在しない。現象の時間性のリズム的分節はそれゆえつねに同時にその空間性のリズム的分節である。逆もまたおなじである。」

音強、音高、音長、音色、そして必要とあらばなおそのうえ、音量——という通例の概念を用いて音響を記述することは適切ではあるが、〔それだけでは〕不完全である。すくなくとも空間関係を見落としているからである。笛の音が聞こえてくるとき、やはりどこかある所から発しているものとして聞こえてくる。上方から、下方から、前方から、後方から、右方から、あるいは左方から聞こえてくるように思う。あるいは、聞こえてくる方向を間違っていはしないかと疑ってもみる。しかし、音の発生場所が存在することの確実性はけっして疑わない。視覚対象の位置を知る視覚能力と比較すると、聴覚対象の位置を知る聴覚能力は貧弱である。じっさいは階下から聞こえてきた音を階上からの音だと感違いするという経験をだれしもがきっともっている。しかしながら、われわれは音源の物的原因とではなくて、音響現象それ自体と関係をもつのである。音響現象にかんして、われわれが音響像を空間において生じるものと理解していることは無条件に確認してよい。もちろん、たとえば耳鳴りのようなばあいには、ときおり体の内部空間が「舞台」になることがある。聞き手にとって聴覚対象がいやおうなく聴覚空間に属するとしても、そして、聴覚空間が（ここではむろん、たんに仮定しうるにすぎない理由から）視覚空間、臭覚空間、味覚空間、触覚空間、温・冷覚空間と共通の同一の直観空間に属するとしても、そのことから必然的に、われわれにはひじょうに奇異に感じられるが、聞くことによってことさらただ現象空間だけが知覚されるのかどうか、の問題が生じる。そのとおり、われわれはさらにそれ以上のものを聞きとっている！

われわれがたったいま、聴覚対象は空間において生じるものである、と言ったのには意図がないわけではない。雑音であれ、協和音であれ、普通の音であれ、一瞬われわれにとって効果力をもつ表現とならない聴覚現象はない。しかも、効果的表現ということにかんしては、たとえばたんなる色彩印象によるよりも、聴覚対象によるほうが本質的によりすぐれている。音響の世界は色彩や明暗の世界よりもはるか高度にダイナミックな世界であり、この点において、巷間の活動写真（Bewegungsbild）とのみ比肩されうる。音響と運動とのあいだにいわばある精神的引力が働き、その結果、リズム的音響はいずれもリズム的運動をひきおこし、リズム的運動はリズム的音響をひきおこすゆえである。人類がもともとつんぼであれば、舞踏を考え出すことなど思いもおよばなかったであろう！　音響はわれわれを襲う。あるときは悩まし、あるときは魅了し、つねに多かれ少なかれ、われわれの心を動かす。これに反して、音の出ない色彩的なものは、とくにそれがいつでも消えずに残っているばあいには、生命のない、いわばたんに図式的な世界を示すように思われる。現象世界の現実性の重みや、それとともに、全体験の深さは、それゆえ、聾者にとってはもはやはなはだしく低下する。したがって当然、ふつう比較可能な条件のもとでは、盲人は快活で満足な状態になるばあいが多く、聾者はつむじまがりや不きげんになりやすい。「めくらさんは、人生の意気に感じさえすりゃすぐに、かならず歌をうたいだす」とはポルトガルの民謡の一節である。このような指摘は、音や響きはわれわれの心を力強く動かすことができ、よってそれ自体動的なものであり、それゆえ必然的にあらゆる運動の舞台、すなわち空間を現象せしめる、というわれわれの確信を強めさせる。したがって、音響のリズムは時間現象を分節するのみならず、さらに、生命力のみなぎる交替運動で満たすことにより、空間現象をも分節する。

ところで、「視覚対象」(Sehding) の実験によって再吟味すると、どんなに瞬間的な視覚印象でも持続時間の存在は避けられないことを指摘したとしても、視覚印象の時間価が印象受容者によって直接体験されるかどうか、また、それが完全な知覚判断のなかでともに思考の対象になるかどうか、の疑問が、もちろんなお解決されないままに残るだろう。いかなる視覚印象もそれがいまなされていると確認できないようなものはありえないという事実、そして、注目すべきことだが、「瞬間」(Augenblick) の名で呼ぶことが許されている体験可能な(または、経験可能な)(36)「いま」(Jetzt) が、すべて瞬間のうちに現象するものを「持続時間」の相対物であると決めつける基準になっているという事実、この動かしがたい事実を想起するにつれ、ここに示された疑問にわれわれは遭遇するのである。瞬間的なものの現象がなければ持続的なものの現象はありえないだろうが、この逆も同様である。したがってこの両者が時間性の印象を作ると言える。——それにもかかわらず、まだ、これで瞬間的視覚空間の現象が論じつくされたわけではない。

空間の任意の二点はたがいに排他的であるが、おなじく、時間の任意の二点もたがいに排他的である。そして、たとえば遠近の対立はこの二種の排他性[37]のいずれか一方だけのものであると規定することはできない。むしろ、直接体験される類似性にもとづいて、時間的前後関係（das zeitliche Nacheinander）は空間的前後関係（das räumliche Hintereinander）となり、空間的前後関係は時間的前後関係となる。ただ、空間的前後関係にたいしてのみ、別に並列関係（Nebeneinander）の観点からも考察することが許されるという重大な相違があるにはある。

　空間・時間問題にとってほとんど意義が認められないような対象にいつまでもここでかかわりあっていることはやめ、現象空間は時間の表現領域として理解されてよい、ということを注意するにとどめておく。この両者を結びつけるものは、しかしこれまたある運動体験のなかに見出される。その運動体験に即応して、任意の線は、それを体験するものにとってある事象の現象形式をとる。つぎのような表現のしかたをしても偶然な言い方ではあるまい。「道がA地からB地へとおっている（gehen）、あるいは、つうじている（führen）。」「道が野を越えて走っている（laufen）。」「道が小川に沿って曲りくねっている（sich schlängeln）。」

「螺線がかたくなにねじれている (sich drehen)。」「蔓が静かに巻きついている (sich winden)。」「尾根が頂上まで高く上昇している (steigen)。」「岩壁が垂直に落下している (stürzen)。」空間芸術を鑑賞するさいに、かなり大きな範囲を見渡すためにとくに好んでなされる目の移動のことをわれわれは強調しているのでない。そういう一般の顧慮に反して、われわれが強調しているのは、視線の移動による体験うんぬんとは関係のない、あらゆる空間形式に帰せられるべき表現価値のことである。さてともかく、運動が表現されるばあい、空間形態のなかに時間形態も現われる。そして、たとえばある曲折模様のリズムは、それがたとえどんなふうなものであろうと、空間的リズムであるのと同程度に時間的リズムであり、それゆえ、曲折模様がたとえばじっさいの曲折運動の図式的表現に使用されることの理由はここにある。周知のとおり、これは一般に通用することがらである。かくして、われわれは波の運動 (Wellenbewegung) を、その名を冠した波線 (Wellen*linie*) という固定的な形式に図式的に置きかえ、そして、狭い波形、広い波形、高い波形、あるいは低い波形を見て、同時に、波の強さ、弱さを体験するのである。かくしてまた、われわれは、おなじひとつの複母音または単母音のうえに、今日でもふつうに用いられている左右相称の屋根型符号〔^〕(すなわち、古代ギリシア語のペリスポメノン Perispomenon[38] をつけて、音声の上げ下げの連続を視覚化する。ドーリア様式の寺院の写真とバロック盛期の宮殿の写真を並べて手にとってみると、空間形態からふたつの事象体系が語りかけてくるような抵抗しがたい気分に襲われる。一方には、調和のとれた荘重な威厳があり、他方には、甘受的というよりはむしろ志向的な強烈さをもった自己表示的動感があり、両者とも内面的動性のごときものを示している。つまり、空間形式は体験内容として受容されると、たとえ客観的には静止的なものであろうとも、それは運動の表現であり、それゆえ、いわば恒常的なものに置きかえられた時間性である。

要約すると、空間と時間は現実の現象において分ちがたく結びついた両極である。その結果、聴覚像においては、空間極は時間極に依存し、視覚像においては、逆に時間極が空間極に依存する。したがって、現象的には、空間的分節を伴わない時間的分節はないが、また同様に、時間的分節を伴わない空間的分節もない。リズムの本質的特徴は、時間経過に即してとおなじように、空間形態に即して論ずることができる。

時間的分節と肩を並べて同等の勢力を誇る空間的リズム分節は、さて、われわれがあらゆる自然のシンメトリーのなかにその実現を見ることができるリズム的交互性（rhythmische

Wechselständigkeit）をそのなかに含む。装飾の部分部分がすでにそれ自体相称的でないとするならば、リズムは装飾部分の配列のなかにある。それに反して、相称的に形成された造形物はすでにおのずからそれだけでリズムを包含しうる。しかしながら、相称的に分割可能なもののなかに物理学上のいわゆる「相称的対照」（der symmetrische Gegensatz）（すなわち、客観的に正確な映像性）のみをさがし求めることで満足するぐらいならば、われわれはたんに拍子と呼んで当らずとも遠からぬ重複（Verdoppelung）のたぐいを純粋にリズム的な空間現象だとみなしたであろうし、また、リズム的時間現象が蒸気機関のピストンのストロークと相容れないのとおなじく、リズム的空間現象と相容れることのできない事実を〔ほかならぬ〕リズム的空間現象に仕立てあげるという危険を冒すことであろう。事物をその映像とともに眺めたとて、いかなる空間的リズムもあらわれない。リズムが生じるためには、相称的な両半分がたがいに接続しなければならないだろう。そのうえ、たがいに類似しさえすればよいのであって、おそらく存するであろう差異に気づかないまでにたがいに一致する必要はなかろう。このふたつの条件[39]は例外なく生命体の多様なシンメトリーのなかで満たされている。

動物か人間の体の正面に〔左右が〕恒常的に〔おなじ〕面積比率になるよう垂直面をあて

がうと、映像のような半分半分は、それらがまれに見るほどの瓜ふたつであっても、たがいに交換可能なほど合同であることはない。おなじく、任意の木の葉の左右両面を中央軸を中心に回転させても完全に正確に重なり合うことはない。機械の調子よい運転とちがって、どんな自然事象の変化も拍子づけるべき切れ目を示さなかったのとおなじように、どんな有機体のシンメトリーも区別づけるべき間隙を示さない。また、機械における模範運動の持続的反復とはちがって、自然事象はつねに類似的に再帰するにすぎないのとおなじく、生きた個体においても、相称的半片の一方はけっして他方と正確に相称的な現象を形成しない。自然からえたわれわれの例証は、自然現象には受容者の心のなかにリズムの振動をひきおこす疑う余地のない力があり、その力がいかなる拍子をも暗示せしめない、そういう現象の事例を示している。ところでしかし、あのふたつの現象の特性、すなわち、われわれがそのリズム価を拍子との対立性から展開させてきたあのふたつの現象の特性(40)を具えるかぎり、まさにそのかぎりにおいてのみ、人間の恣意的な拍子づけ作業もリズムの振動をおこしうるのであることは、いささかの疑問もはさみえない。

第八章　対極的持続性としてのリズム

論がここに至れば、いまいきなり「リズムは対極的持続性(polarisierte Stetigkeit)である」と、あえて結論的規定を試みてもよかろう。ただ残念ながら、本質的に異なる目的のために、極性(Polarität)という名称を物理学が独占することとさえなかったならばのことである。このための簡単な説明を避けてはならないだろう。——「極」(Pol)はもともと「旋回点」を意味し、つぎに、みかけ上球状をなしている宇宙の「回転軸の両端」の意味に用いられ、最後に、主として同時に現われるときにのみとにかく反対の作用をおよぼしあう「ふたつの力」の意味に転じた。ある条件のもとで一方の極が欠けた単極が存続し、あるいは発生しうることがあるにはあるけれども、極性を帯びた状態はそれゆえつねに両極的(doppel-polig)な状態である。この点までは、生命科学上の極概念と物理学上のそれとは一致するだろう。だが、道はここから別れるのである。

ひとつの電気は第二の電気によって相殺されるゆえに、一方は陽電気、他方は陰電気と名づけられた。そのため、合計して0になる+3と-3の対立のごときものに似た対立が存在するという誤った見解を助長することになった。いわゆる陽電気はまったく異種の現象系列、そして少なくともおよそ映像的どころではないほどの相反的な現象系列、すなわち陰電気、を生じさせうる、ということはいまや物理学者ならとっくに知っている事実である。けれども、ほとんど誤りなく推測できることだが、言葉の使用があまり適切でなかったので、理論家が好んで両方の電気を統一させようとする（たとえば、粒子線の概念において）ことに一役買う結果になった。いずれにせよ、生命科学においては、両極的全体の一方の極はいずれも他の極と質的に対立する。たとえば、赤と緑の対立、白と黒の対立、あるいは、今日のわれわれの耳にもっとわかりやすく響く例で言えば、喜びと悲しみの対立のごとき、対立的感情価を担う極と比較してみるがよい。ここで他の問題が生じてくる。

すべての有機生命体の現象は（同時に、もちろん言うまでもなくその本質も）両極性の観点から、両極に対しては全体がそれゆえ第三者であるような、そういう両極性の観点から捉えられねばならないことを論証しうることによって、(41) ロマン主義の哲学は太古の三数（Dreizahl）の神聖さの、これぞ決定的と思われるような起因を探りあてた。ロマン主義の哲学によれば、ふたつの極はしたがっておのずから、おのおのがみずからの存在のためにみずからを補う他の存在を必要とするところの、ふたつの交換不可能な異種の関係である、ということになろう。ロマン主義者は厳格な規定をせずにこれを論じているが、〔極概念を〕数箇所で誤って適用しているとはいえ、多くは妥当な適用のしかたをした。それを考察すると、生命科学上の極性の概念を物理学上の子供っぽい概念からまったく際立たせるために、上に述べたことをさらにつぎのように補足せざるをえなくなる。すなわち、ふたつの極の勢力はけっして均一化することなく、やはり必然的に差があり、またそれゆえ、その差の傾斜には変化があり、さらに、その程度にも変化があることが証明されうる、と。たとえば、中枢神経系統と自律神経系統は対極的であると考えられているが、この考えが「頭」（Kopf）と「心」（Herz）の民間での区別に深遠な解釈を与えた。この対極的な両神経系統の例から、あるときは一方の組織が、あるときは他方の組織が支配的になることがわかる。今日でもなおじっさいに、もちろん心理学的な意味においてだけであるが、ある人は「頭」に支配され、ある人は「心」に支配されている、というふうな暗示的な言い方をわれわれはしている。

すでに述べたように、ロマン主義はこの極性の思想をためらうことなく世界両極論（Welt-polarismus）にまで敷衍し、――バハオーフェンいらい周知のとおり、古代や先史時代と一致した象徴語を使って――昼と夜、明と暗、夏と冬、生長と衰弱、生誕と死亡、貯蔵と分配、逗留と放浪、拘束と放逐のリズム的交替のなかに、おなじく、天と地、太陽と太陰、火と水、男と女、上と下、前と後、右と左のリズム的交互性のなかにも少なからず、生成と消滅へと対極化する万象の姿を明らかに見出そうとした。このような諸現象のリズム学はなるほど大部分すでに解明ずみのものではあるが、このリズム学は現象世界の領域内にとどまり、直接現象するリズムの本質的特徴をいわば巨大に拡大してわれわれに示す。このことによって、原則的に測定可能な中間（Zwischen）ではなくて、上がり下がりと下がり上がりの質的対立（artlicher Gegensatz）が交替現象をリズム的交替現象（傍点は訳者）たらしめていることが矛盾なく明らかにされる。類似した期間をおいて類似した新しいものが生じるためには、更新さるべきものが消滅しなければならない。これが――拍子の有無にかかわらず――リズムの名を帯することを要求しうるあらゆる前後関係ならびに並列関係[42]の真意である。

帰来と出立、近接と回避、繁栄と衰退、受容と放棄、邂逅と離別、これら時間的および空間的距離の分割則（分割則 Teilungsregel はあらゆる機械やあらゆるメジャーによって実現されている）を持たないものを分割則のなかへ組み入れるべき契機に、高揚した魂にとっては、ときおり分割則自身がなるべきだろう。繁栄と衰退、受容と放棄、邂逅と離別など、人間生活にとって避けることのできないこれら転変とともに、あらゆるリズム的脈動を、ことさら人間の生命のひじょうに感動的な反映たらしめているものはまさにこれ[43]のみである。こういうことに共感を覚えなかったり、それゆえ考えたりもできない者はお偉い韻律学者かもしれないけれども、かれはリズムを永遠に理解することができない。直観世界内における分析的および帰納的精神作業にたいするかれの喜びは、化学、物理学、あるいは天文学の理論家の喜びと本質的に違わない。われわれはみなそういう喜びを知っているし、そういう喜びをけっして失いたくもない。しかし、そういう喜びと、苦痛に満ちた生命の喜びとのあいだには懸隔があることをわれわれは承知している。

〔リズムの存立にとって〕まず、分割されざる運動状態が不可欠であり、つぎに、できるだけ類似したものができるだけ類似して再帰することが不可欠である。この不可欠性のより深い根元がいまやどの程度まで明らかにされたか（究極の根元はまだ解明されていないけれども）、はもはやこれ以上詳細に展開する必要はない。われわれの論に従ってきた読者ならば、誰でも自身でそれをなしうるからである。リズムが往来（Kommen und Gehen）の交替のなかにあるとすれば、リズムは滞留のなかにはありえず、そして、来るべきもの（das Kommende）が更新されたもの（ein Erneuertes）であらねばならないとすれば、それは既存のものの再来（Nocheinmal eines Gewesenen）であってはならない。「反復」はたしかに——すこし前か、あるいは任意の或る時に——存在したもの、あるいは起ったものがふたたび存在し、あるいは起ることを意味する。それゆえ、その点において、われわれは時間的前後関係あるいは空間的並列関係における現象成分のひとつひとつを同一視し、交替がリズム的交替として現われるのは何によるのかをまさに理解しないのである。深い経験を積んだ詩人はこういうことをつねに知っていた。そして、たいていは既知の知識の概念に煩わされずに、ときにはただが以前にすでに概念化されたものを使って、しばしばそのことを表現した。たとえばヨルダンは、すばらしく美しい詩とおなじほど正真正銘素朴な詩句でうたった。

かくて示す
この世界は
上昇するものか
下降するもののみを……

このような方法で、詩人のひとりがいまわれわれに世界像をどれほど描いてみせたとしても、それは存在や恒常の形象ではなく、ディオスコロイ[44]のように親しくたがいにからみあう二種の現象のたえまない変化の形象である。——

試みにはじめたあの考察[45]からしだいにはるか遠ざかってしまったが、もうとっくに質疑の声が高くなろうとしているので、論題を精力的に転回すべき潮時になった。——もし拍子が規則現象以外のなにものでもないとしたら、これまで論じつくしたすべての事柄に従えば、拍子はリズムを破壊せずしてリズムと結びつくことはできないであろう。この考えに妥協するような特徴づけは不完全であるとあらかじめわれわれはくりかえし述べてはきたが、もし拍子ならびに韻律が反復しないならば、拍子はもはや拍子でなく、韻律はもはや韻律でなくなるだろう、という否定しがたい事実と矛盾することなく、その特徴づけを完全ならしめうるにはどうすればよいか、まだわれわれにはわからない。ところでしかし、拍子づけられたリズムが存在するだけでなく、拍子を加えることによってリズムが高められる（このことはすでにわれわれが耳にしたことである）ことさえある。この事実をわれわれはどのように理解すればよいのか。

原則的にはただつぎのように答えうるのみである。拍子の名を冠する規則現象はなんらかの特質においてリズムとかかわりあうにちがいない。したがって、もし精神が生命に関与すると確言しうるならば、規則現象は同時に、対立する力の結合点を意味するにちがいない。――われわれは「拍子における精神」から「拍子の生命内実」へ通ずる「一番の近道」を選ばず、さしあたり展開してきた拍子理解と部分的に適合しないように思われる事実圏を通って回り道をしよう。

第九章　拍子の生命内実について

古代の先史民族も、現代における歴史をもたない民族の生き残りも、そのために「自然民族」(Naturvölker)の名で呼ばれるかれらは、いわゆる文明人たるわれわれと比較して、あきらかに原始状態に近く、それゆえ精神文化に乏しい。先史民族と無史民族[46]のあいだの無数の平行関係がくりかえし指摘されてきたが、ともかく、本章においてわれわれが無史民族に即してのみ詳細に観察することがらは、すくなからぬ点において、先史民族にも該当する。——解明のすえ、期待したとおり、多かれ少なかれ未開人*の全生活はいわば持続的リズムに振動していることをわれわれは知った。かれらは踊りながら神々の礼拝式を挙げ、踊りながらお祭りを祝い、踊りながら相手を嘲弄する歌をうたって喧嘩に決着をつけ、踊りながら戦争に出かけ、踊りながら合唱歌の拍子に合わせて重労働をする、こう言っても誇張ではない。

ところでしかし、しばしば夜を徹して続けられる特殊な舞踏会（たとえば、オーストラリア人のコーロボレー踊り Kooroboreetänze のような）に目を向けると、伴奏のメロディーがたいへん貧弱なときにはきまって拍子づけの打楽器がひじょうに誇大に強調されて用いられていることがわかる。打楽器はそのおびただしく多様な形式によって、初期の発展段階における運動の諸像をまったく支配した。せめて、もっとも重要な打楽器の種類をとにかく列挙してみると、ガチッと打ち合わせられる武器、石板、音響板、太鼓、釜形太鼓、タンブリン、銅鑼、鐘、鈴、ガラガラ、鳴子、うなり木などがまず想起される。――たえず拍子づけることによってメロディーを中断する打音によるよりも、比較的持続的なメロディーによる方が、音響的によりうまくリズムが表現されるとかりにするならば、どうしてもそのことを認めざるをえないにしても、それでもなおかつ、舞踏の原初形態に近づけば近づくほど、同時にまた、リズムの流れが規則的拍子づけにたいしてまったく決定的に優勢を示していることが考察される生活段階に近づけば近づくほど、いっそう拍子が支配的になるのはなぜか、という意地のわるい問題のまえにわれわれは立たされているのである。――さておなじ生活段階でも、逆に拍子の強調とは正反対の現象を物語っているように思われる、そういう他の事実をあらかじめ追求しておく方がさしあたって適当である。

まえに確認したように、[47] 拍子は音響の分割の精確さ、厳格な規則性、そして規則的系列の明瞭さを伴って完全になる。いずれにせよ、拍子の典型は、できるだけ均一な間隔で、明確な強音と明確な弱音がトロヘーウス（強弱の二拍子）的に交替することであろう。だが、そういうときには逆に、韻律群の量が増大し、韻律系列の不均一性が増せば増すほど、トロヘーウス的交替はいっそう解消していくだろう。さてそこで、未開民族のメロディー（それは例外なく男と女の混声歌である）を考察すると、われわれは驚くべき事実に遭遇する。

とりわけベルリンの「心理学研究所」(Psychologisches Institut) ――のちに他のいくつかの研究所がこれに協力した――は、数十年来、なんとかまだかなり原始的な種族が住んでいるこの地上の国々のすべてにわたって、専門的訓練を受けた研究者の全指揮のもとに、未開人の舞踏歌やその他の歌謡をきわめて正確に録音しつづけてきた。その録音はのちに、有名な音響心理学者シュトゥンプフとフォン・ホルンボステルの指導下に、音高やテンポのどんな些細な変化にもとにかくできるかぎり細心の注意が払われて、楽譜に移された。** しばしばおこる不純な発声法、すべるような声の上げ下げ、なめらかな声の接続、数価をもたない息継ぎ、さらに加えて、珍しい音階とひじょうに狭い音程の使用、これら未開人の歌唱法の様様な特異性から生じる数多くの面倒なことがらはここでは無視しよう。ただ、つぎのひとつの事情だけに注意しておこう。すなわち、研究者は少なからぬ場合に拍子に合ったメロディーの分節をまったく断念しなければならなかったこと、そのほか、われわれには部分的にかろうじて捕捉しうるほどの大きな量をもった拍節群のほとんど間断のない交替によってのみメロディーの拍子的分節が満足されえたこと、である。しばしば三度の音程からのみ成り立つこれらの歌のなかでは、四拍子、三拍子、七拍子がさまざまな配列で続いたり、三拍子と五拍子、六拍子と七拍子、五拍子と四拍子などというふうな、拍子の組み合わせ形式がたえず交替して現われるのが普通である。ボリヴィアのトーバ・インディアン族の歌はつぎの拍子を用いて記譜された。5/4・4/4・5/4・3/2・6/4・3/2・7/4・4/4・6/4・5/4・6/4・7/4・11/4・4/4！　このように、われわれの要求はそれゆえ、リズムがいわば拍子の境い目で進行するプリミティブな歌によって確証された。しかるに、われわれを悩ませた矛盾はむしろ初期発展段階におけるリズムの働きをみずから引き裂くように思われる。しかし、このような歌がしばしば大勢の人によって一緒にうたわれ、したがって、われわれにだけは拍子を聞きとることが困難であるが、このような歌がじっさいに拍子づけてうたわれていることを考えるならば、われわれの道の方向はほとんどまだ誤っていないであろう。その道は、拍子にも生命内実（Lebensgehalt）があることとの謎を解く鍵の発見をわれわれに約束するものである。

まえもってことわっておくが、われわれが人間を理解するときのその人間はつねに、けっして生命の保持者としてのみならず、そのうえ、精神の保持者としての人間でもある。それゆえ、先史民族ならびに歴史外民族のなした仕事の跡には、それがどんなに原始的であっても、もちろん進歩の徴標は支配的に認められるが、それとならんで、完成の痕跡すら認められるのである。あるいは、――われわれの研究対象に関して言えば――今日もはや達することができないほどのみごとなリズムとならんで、規則と拍子が暗示的に認められる。そもそもリズムと拍子がいかに結びついていたかの問題はここではもうくりかえさない。未開人は、拍子をいわば恣意的な戯れと混同していても、そのために拍子を失うことがない。それを可能にしているものはかれらの内面的リズムの豊富さである。一方、逆に、内面的リズムがはなはだしく弱々しい場合に、拍子を保持し、またその拍子によってリズムを保持するためには、できるだけ整った拍子が必要とされる。このほとんど疑う余地のない事情にわれわれはむしろ論点をしぼりたい。したがって、リズムは韻律を極度に強調することによって問題なく排除されるけれども、韻律を破棄することによってもあきらかに消滅しうるとするならば、まず第一に考察の対象となるのは、精神をもった個人において、生命がリズムの可能性を展開させるためにさしあたってまず克服すべき敵対者、その生命への敵対者の役割を好都合にも精神に与えることができないかどうか、の問題である。

ところで、精神はまったく無視するとして、おそらくすべての生命体の全生命事象に妥当し、一般にたとえばつぎのように特徴づけられるような事実、すなわち、場合場合に応じて経験によってのみ確認されうる範囲内のこととして、障害あるいは欠乏（その種類はどうでもよい）によってそれに遭遇する生命事象が高められうるという事実、についでに触れておく。湿地ではわずか指ほどの長さしか根をはらない植物が、砂漠の砂のなかでは数メートルの深さの地下にまで根を伸ばし、しかも水分を吸収するための細毛を増やす。かりにその先端を石膏で固めると、その障害に向けられる生長圧は十二気圧にまでのぼりうる。どんな任意の動物のどんな器官でも、使われることによって強くなり、使われないことによって弱まる。器官を使用することは、すなわちそれに抵抗を与えて試練することである。したがって、もしこの抵抗に刺激値を与えねばならぬとすれば、特定の条件のもとで、精神がいわば生命事象の道を遮断すると、その遮断された生命事象のなかに平均値を超えた圧力をおこさせる作用を精神がなしうることさえあろう。――あらかじめ、しばらくのあいだ、この考えをリズムと拍子の対立に適用してみよう。

むろん障害も問題にならなければ、なおかつ生命も問題にならない、そのような波立たぬ平坦な水が、波動を妨げている厚い板のところに、ときどき視覚的にも聴覚的にも、かすかな波立ちをあらわすことがある。それとおなじように、動きを感じさせないほどのリズムが、拍子の抵抗にあって屈折することにより、顕著な働きをもつリズムにかかわることもありうるだろう。しかしながら、この比喩だけではあまりにも言葉が足りない。いま詳しく述べたとおりだとすれば、拍子はおそらくそのうえリズムを強める働きをするはずだからである。「詩作することは鎖につながれたまま踊ることである」というニーチェのいささか誇張的だが本質を衝いた発言が、まずともかく詩作の難しさをわかりやすく述べたものだとすれば、この発言はなおそのうえ、ふだんはおそらくだらしなく、しなびたふうに思える言葉から、言葉のリズムの力にそもそも隠されているだろうものをとり出すためには、韻律という鎖が必要とされうる、ことを意味すると推測するに十分な理由がある。すなわち、おなじニーチェが新高ドイツ語[48]の真に完成された散文作家をただの四人[49]しか認めようとはせず、また同時に、他の詩人たちの確信的な主張によれば、散文における完結性は韻文におけるよりも稀にしかみられないことが裏書きされているので、反抗的な韻律がなければ、リズムが完全にあらわれうるには生命が異常に豊富なときにかぎられる、という見解でもって、ニーチェの言葉は根拠づけられうると思われる。あえて言えば、完全な散文は完全な韻文作品とおなじほど完全なリズムを持つ。しかし、韻文作品に拍子――が与えているような助力[50]を要求せずとも、完全な散文は完全なリズムを持ちうるのである。

散文にも拍子づけがあると思い違いしている者がいままでにもちろんいく人かはいた。複合語 Windesgeräusch〔—◡◡—〕(風のざわめき)には二つの鋭音があるため、古代の韻律学からこれにあてはまる韻脚の名を借用してコリアンブス(Choriambus 強弱弱強)と呼ぶのはなるほど各人の自由である。だが、この言葉が韻文形式の言語作品のなかで用いられるためには、まず前後の言葉との関連のなかに強音配置の規則が認められなければならない。しかし、このことは散文の場合にはきっとあてはまらない。強音の比重がまるでさまざまだという理由から、もし規則を除外して拍子を演繹しようとするなら、路上の喧騒や、あるいは校庭で遊ぶ子供たちがガヤガヤと騒がしく呼び合っている声のなかにも拍子を認めねばならなくなるだろう。だがまったく逆で、この二種の喧騒はたんに「無拍子」であるばかりでなく、とりわけうるさくもある。おなじように、散文の不規則な拍子は言語の音声面に敏感な人にとって耳ざわりである***。したがって、規則性が欠けているにもかかわらず言葉の流れを感得させるような、無拍子かつ調和のある作品を生み出すには高度の卓越した才能が必要である。原始に近い未開人の歌に特有のものを、精神の抑制によって、ふたたびかちえたかのような完成された散文は、このようにして、とりわけ高度の創作活動のための無拍子リズム論の可能性をわれわれに保証してくれる。

ところでしかし、このような事実は、拍子がその起点において、ほかならぬ生命と対立するゆえに魂のリズム振動を強めうる、ということを仮定するのに都合がよいけれども、しからば、いかにして拍子が魂と並んで、かつ魂とともに存続しつづけ、そのうえ、たえず魂と渾然一体となって形成されるのか、そして、いかにしてその「リズム的韻律」あるいは「韻律的リズム」が、全研究者がその内的分裂に気づかないほど、まったく統一的全体の姿をもって現われるのか、こういうことに関してはいまだ不明のままである。拍子と魂の分裂〔の契機〕がたとえ拍子自体のなかにないとしても、右に述べたことはともかく理解しがたいであろう。未開人のある種の歌のなかから、まちがいなくそのなかに拍子があるにもかかわらず、拍子をもはや聞き出すことができない原因はいったいそもそも何か。それは、拍子分割がきわめて不規則であること、それに加えて、拍子の量が大きいことと拍子があまりに多様すぎること、である。この三つの要素すべてが規則の捕捉を困難にさせ、それゆえ本質的に反規則的であることを考えれば、まえに他の関係のところで説明し、部分的にすでに論証したこと、すなわち、規則現象は拍子においては系列の現象である、ということをわれわれは完全に確信してよい。

　系列が、そして系列のみが反復する。そして、分節が単純であればあるほど、間隔が正確にたがいに等しければ等しいほど、いっそう明確に系列は反復をあらわす。それゆえ、最も完全な規則現象は規則的な一の系列と、まずそれに最も近い、拍子の典型とみなされるところの二の系列[51]だとすれば、二拍子において、精神は均等に反復される間隔でもって示され、それにたいして、生命は上がり下がりの交替でもって示される。規則づけるべき境界を設定すること〔(精神作業)〕と、揚音と抑音、あるいは強音と弱音の交替によって境界へせきたてられているように感じること〔(生命体験)〕とは別ものである。二拍子にはただの精神だけでなく、それ以外になおなにかほかのものが関与しているにちがいないことをさきに詳細に述べたが、[52] われわれはいまこれがすなわち――リズムであることを知る。受動的に知覚する人でもとにかくある系列――ただし、一の系列ではない――を知覚するのはなぜか、という当時未解決のままにしておいた疑問にたいする答えはつぎのとおりである。すなわち、受動的に知覚する人においては、境界づけする精神行為に脈搏の往復運動がともに作動するからである。ほんとうの脈搏はもちろん、韻律的なティックタックとはほど遠く、〔むしろ〕急に上昇し砕けて落下する波に似ている。そして、われわれが規則的に連続する機械的な打音を聞いて、ときどき思わず知らずイチニ、イチニ、イチニと数をかぞえる、あの数かぞえの契機を脈搏はけっして与えない。数かぞえは、分節化が精神の加工作用[53]によって行われることを示しているが、それには、もちろん生命の働きが加わらなければならない。それゆえ、できあがりつつある系列が拍子――の系列を形成するためには、この生命の働きが少なからず有効な作用力を持たねばならない。

ふたたび要約しよう。二拍子における精神に関しては、転向点のアクセントづけとそれによってはじめて可能になる数かぞえ、両端間の運動の非直線性にたいする精神の盲目性、決定的な要素として、規則的系列化のためのグループ分け、が問題となる（これらは純粋に機械との一致点を示すとともに、おなじく原始歌との多くの相違点を示す）。これに反して、二拍子における生命に関しては、脈動的な上がり下がり運動が問題となる。拍子にはこのように二重の性格があるため、表現において生命と精神の幾何学的場を表示しながら、リズムと抗争しつつ、だがリズムと結合しうる。――

　未開民族の音楽のある種の特質に導かれてわれわれは考察を試みてきた。かれらの音楽のなかにもちろん拍子があることはわかったが、ひじょうに精確になされる拍子、しばしば長く一様に続けられる拍子、しかもとくに未開人の舞踏にみられるこの拍子、にまず第一に示されている特質を説明することは困難である。ここで、汽車に乗ったときの車輪の拍子に関して扱ったとおなじ問題がおきる。すなわち、まちがいなく「模範的」な拍子が、およそ同時に――いまやともかくわれわれが当然要求してしかるべきこととして――圧倒的に強大な表現力をリズムに与えることができないかどうか、の問題である。一足跳びに結論めいたことを言えば、ガラガラとか、リンリンとか、ガタガタといったこれらすべての自然音的音色のなかに、さまざまな形態をもつ音響のリズム価が見出されたと考えることができる。

〔未開人の〕舞踏会に居合わせる幸運にかつて恵まれた人なら、たえずくりかえされる釜形太鼓の鈍い響や、貝をぶらさげたタンブリンの明るい顫音や、そのうえきっと、踊り子たちの腕輪が動いてカチャカチャ鳴る拍子よい音さえも、どんな魅惑的な旋律よりもはるかにわれわれの血をわきたたせ、意識を麻痺させるものか、を確信するであろう。また、これらの音響は、外面的にのみ比較すると、真夏の日にまったく調子よくチロチロとなくコオロギの鳴声や、暗がりのなかでなくヒキガエルの鳴声や、今日不当にもかえりみられなくなった夕暮どきの蛙の鳴声——蛙の鳴声はヴェーダ(54)のなかでは「すばらしい雨の合唱」として賛美されている——などよりも音響効果の点においてよりすぐれていると確信するだろう。なおそのうえいくらか敷衍して、たえまなく流れすぎゆく川のなめらかな水音、瀑布の単調な落水音、パラつく雨の音、とくに、より動的な海の砕け散る波の音、これらの音との共通点を、未開人の舞踏における音響印象を反省することによって捉えようとするならば、あるいは変化に富む一様性のなかに、あるいは、だがとりわけ右に挙げたもろもろの音をあらゆる旋律——どんなに素朴な旋律であっても——の音と区別せしめている秘められた振動（verborgene Oszillationen）のなかに、その共通点が見出されるだろう。ザワザワ（brausen）、サラサラ（rauschen）、パラパラ（prasseln）、ゴウゴウ（sausen）、ピュウピュウ（pfeifen）のような言葉で描かれる外界事象の音や、ガラガラ（rasseln）、ガチャガチャ（klirren）、ドンドン（dröhnen）などのような言葉で表わされる舞踏の伴奏音は、ひじょうに早い顫動を伴うという特性のゆえに、われわれの魂のなかに一般に説明することができないほどの内面的な振動をおこさせる。素朴な拍子音は、たとえどんなに厳格に規則正しいものであっても、その音色によって、全事象を大気で満たす。その振動はあらゆる部分印象に息を吹きかけて、それを嵐のようなリズムの波のうねりに吸収してしまう。

＊　「未開人」（Primitive）という語を用いた理由は、簡潔を期するためと、ふつうこの語と結びつく概念が誤って理解されているとはいえ、この語がすでに一般化してしまっているからである。字義どおり解するならば、「未開人」なるものも、「自然民族」（Naturvölker）なるものも存在しはしない。たとえばオーストラリア原住民の文化のごときは石器時代の段階にとどまったままであるとはいえ、未開人とか自然民族とかと呼ばれているいずれの種族でも、じっさいはそれぞれの文

化を所有しているのである。おそらくもっとも低い段階にあるだろうと目される遊牧民でさえ十分完成された言語を駆使し、火をおこし、食物を調理することを心得、道具類や武器や装身具を製作し、歌や舞踏に習熟し、祖先の霊や魔神の霊の目に見えない勢力圏と交わることができると信じ、民族間の交際に関する規則を制定し、そして、たいていは主として祭礼的、魔術的性格を帯びた慣習から生まれたすこぶる複雑な制度の拘束を受けている（儀式ばった仮面舞踏会、成人式、秘密同盟など）。それゆえ、かれらがいわゆる文化人と区別されるのは、文化を持たないことによるのではけっしてなく、たえず自己革新を行なっているにもかかわらず、ここでは黙過してもさしつかえないような原因によって、かれらの文化が幾千年を通じておなじ状態にとどまっていることによるのである。したがって、かれらは歴史外民族（*außergeschichtliche* Völker）として有史民族と対立する。だからといってもちろん、歴史外人のなかに原始人（*ursprünglicher* Mensch）を認めようとするのは誤りであろう。原始人をわれわれは知っているわけではなし、また知る見込みもあるまい。そのかわりに、われわれのとくらべてはるか異なる歴史外人の思考形式を知ることは、たしかに原始人の思考を知るうえの橋渡しの役を果すことになり、発生期における人類の、たとえば言語の成立とか、生活感情や世界観とかを確実に、帰納的に推論することを可能ならしめる。

＊＊　このように記譜されたものの多くが、シュトゥンプフの著書『音楽の起源』（*Die Anfänge der Musik*, 1911）の第二部に収載されている。

＊＊＊　特別に鋭敏な感受性の持主なら、二人の人物が自分の知らない言語で話すのを聞いていても、

拍子の不規則さを聞き分ける！——ちなみに、平凡な散文作家は依拠すべき拍子がないと不本意に拍子づいた文章を書いてしまい、それで、韻文と散文の合いの子のような粗悪な作品をこしらえる。拍子づいた散文は低劣な散文である。ただし、言葉の霊気が漂う天空へ羽ばたき昇るがごとき霊感に満ちた散文で、きわめて稀な場合を除く。その比類のない範例はヤムブス調の文と節からなるヘルダーリーンの『ヒュペーリオン』(55)である。

第十章　展　望

「美学」上、伝統的にもっとも重要だとみなされている問題、すなわち、リズムの「喜び」はなにに基づくか、と一般的に問われている問題にたいして答えるのに、リズムの本質についての解明がすんだあとでは、わずかな言葉で足りるであろう。いわゆる美学全体からみて「喜び」(Vergnügen) という言葉はふさわしくない、ということは別として、いまの問題は生命科学にとっても唯一の重要なものだとわれわれはみなしており、この問題にたいして、今度かぎりはもうこれ以上疑問の余地を残さずに解答を与えうるだろうと、実証されなくても確信をもって言ってよかろう。あらゆる自然造形物ならびにあらゆる芸術作品の直観的価値はそのリズム価の内容と一致し、リズムにおいて万事片がつく。これ以外になお問題があるとすれば、それは技術の問題であって、本質の問題ではない。

読者カード

みすず書房の本をご購入いただき，まことにありがとうございます.

書　名

書店名

・「みすず書房図書目録」最新版をご希望の方にお送りいたします.

（希望する／希望しない）

★ご希望の方は下の「ご住所」欄も必ず記入してください.

・新刊・イベントなどをご案内する「みすず書房ニュースレター」（Eメール）をご希望の方にお送りいたします.

（配信を希望する／希望しない）

★ご希望の方は下の「Eメール」欄も必ず記入してください.

（ふりがな） お名前　　　　様		〒
ご住所	都・道・府・県	市・郡 区
電話	（　　　）	
Eメール		

ご記入いただいた個人情報は正当な目的のためにのみ使用いたします.

ありがとうございました．みすず書房ウェブサイト https://www.msz.co.jp では刊行書の詳細な書誌とともに，新刊，近刊，復刊，イベントなどさまざまなご案内を掲載しています．ぜひご利用ください.

郵便はがき

料金受取人払郵便

本郷局承認

5391

差出有効期間
2024年3月
31日まで

113-8790

東京都文京区
本郷2丁目20番7号

みすず書房営業部
行

通信欄

（ご意見・ご感想などお寄せください．小社ウェブサイトでご紹介させていただく場合がございます．あらかじめご了承ください．）

リズムがなぜ人を深く興奮させ、人の心を動かす作用をするのかという問いにたいして、じっさいすでにもう解答は与えられたのだ、とみながそれぞれ自分なりに考えるなら、しかしそれもよかろう。だが、その解答の言葉は、いかなる目的でまえもって使われようと、いまいちど使われてはばからないほど明確な言葉ではありえない。舞踏や歌唱を通じてであれ、詩作、絵画、彫刻、あるいは建築を通じてであれ、いずれにせよ、リズムを形成する者の立場からわれわれは事実を重んじるのか、あるいは、ただ傍観的にリズム現象と取り組む者の立場からそうするのか、ということはまったくどちらでもおなじである。傍観者としては、たんなる傍観者の立場を超えてリズムに心を奪われる（ergriffen）ときにのみ、わたくしはリズムを体験することができる。形成者としては、むろん韻律や拍子をあえて作り出そうとするわたくしの恣意によるのでなく、これまた感動（Ergriffenheit）によってのみ、わたくしはリズムを作ることができる。恣意の力が弱まり、リズム的脈動に乗ったときに、まさしくそういうときに、形成者としての独自の行為がやはりリズムを形成することだろう。

現象として捉えると、世界は現象せんとするものの現象、つまり表現である。世界現象のリズムは何の表現なのか、としばしばあれこれ論争された。そして、それは情緒の動き

(Gemütsbewegungen) であるとか、「激情」(Affekten) であるとか、波動 (Wallungen) であるとか、とくりかえし語られた。本書の著者はおよそ半世紀のあいだ、人間の波動〔(すなわち、情緒の激しい動き)〕の表現特徴の研究に従事してきたが、[56] ところで、著者が、表現のリズム価の内容はいかなる情緒の動きの表現にも見出せない、という見解を代表するかぎり、ひじょうに傑出した表現学者たちと幸いにも意見が一致する。激しく立腹する人の状態をまず思い浮かべ、つぎに、立腹者は運動にリズム的振動を与える能力をおよそもちうるかどうか、あるいは、かれはむしろ、ふだん運動に内在するリズムを感覚的に捉えることを妨げないかどうか！　を自問するがよい。すると、ここにごく簡単な例で示すことのできるようなある対立が存在する〔ことに気づくだろう〕。

　舞踏に巧みな者が二人いて、踊りにかけては両人ともおなじぐらいにすぐれた技能をみせる、その二人が踊りの列に加わるとき、そのうちの一人がちょうどいま激しく立腹し、もう一人がたいへん楽しい気分になったと想像してみよう。そこで、このような状態において、二人のうちどちらがよりリズミカルに踊るだろうか、と自問してみよう。答えは不要である。しかし、楽しい気分の者の方がなぜよりリズミカルに踊るのか、という疑問にたいする答えまでも不要というのではない。ここでしかし、おなじ作用をするいろいろな誘因がなおほかにあることがおのずからすぐに思いうかぶ。すなわち、ふつうに比較しうる状況のもとでは、若者の方が老人よりもリズミカルに踊るし、すこし酩酊した者の方がまったくの素面《しらふ》の者よりもリズミカルに踊る。じっさい、未開民族の舞踏会は同時に酒宴でもあることがめずらしくない。喜び対腹立ち、若者対老人、軽い酩酊対素面、これら三つの場合に共通するものは何か。それは、抑制感情から自由であること、または自由になったこと、である！　それゆえ、リズムをひきおこすものは情緒の動きではなくて、特定の生涯の時期や、外的状況や、激しい心的状況と関係することにより、それと対立的な生涯の時期や、外的状況や、激しい心的状況とかかわるある種の抑制が脱落することにある。しかし、抑制が脱落したあとリズミカルに脈動しうるという、その抑制されたもの（das Gehemmte）とはいったい何だろうか。だが〔よく注意すると〕この解答は〔すでに〕詳細になされたことに気づく。すなわち、「抵抗にたいする生命の優勢の度合いに応じて、事象や形態をリズム化するものの正体は生命そのものである。」リズムのなかで振動することは、それゆえ、生命の脈動のなかで振動することを意味し、したがって、人間にとってはなおそのうえ、精神をして生命の脈動を狭めせしめている抑制から一時的に解放されることを意味する。

われわれはこのさい人体特有の生命の様態について考えてみたい。その周期的変化はたえず重視されてきた。また、おなじくまえに述べたことだが、見出すこととふたたび喪失すること、行為を与えることと行為を受けること、発展することと衰退すること、これらの交替を伴う人間の運命について考えてみたい。しかし、そのさいに、生命を無視することは許されないのである。生命の力で個体は生き、そして、叡知ある言葉は「生命は個体に貸し与えられているにすぎない」ことをわれわれに教えている。われわれは生命を狭義の魂（Seele）と呼ぼう。同時に、個体は魂に関与することによって、自己の肉体のここ（Hier）といま（Jetzt）の限界[57]をつき破り、自己をとりまく世界と一時的に融合することができる、と言っておこう。*「死せよ、そして生成せよ」（Stirb und werde）というゲーテの言葉がこのことを意味したかどうかの問題はうちすてておこう。消滅を通じて生成する道がほかになおあるのかどうか、ここでは決定すまい。リズムのなかで振動することは魂の発現の一方法であり、また、魂が生命の大洋のなかで再生するために沈降する一方法である、ということを指摘するだけで充分である。ここでしかし、なにかめまいをおこしそうな展望が開ける。その展望を披露するだけでわれわれには充分であろう。――

この論究は水波から始まった。われわれは、リズムが水波に認められると思っているが、はたしてリズムは水波に内在するものなのか、それとも、リズムは水波という現象によってただわれわれのなかにひきおこされるにすぎず、根元も処理法もわからない或る内的要求のために水波に転嫁されるものなのか、の問題はいぜん厳として未解決に終った。精神がともかくそういう働きをなしえないことはわかった。だが、もしかすれば魂はどうであろうか。かりに魂がそういう働きをなしえないとするならば、この魂は波動現象のリズム、有機世界ならびに根元世界の周期的変化のなかのリズムを捏造した、すなわち、ありきたりの言い方をすれば、リズムを現象世界に「感情移入」(58)したことになるだろう。それゆえじっさい、生命の大洋のなかで沈降することは(59)文字どおり妄想であり、一種のおめでたい幻想であるということになろう。無数の交替現象によっていやおうなしにわれわれの心のなかにひきおこされるリズム振動が、高い喜びの感情とともにおこり、およそ不愉快な煩わしさの感情とともにはおこらないのはなぜかという問題、主観主義者のだれもがまだ解答をなしえなかったこの問題によって、このような見解が巻きこまれるであろうひじょうな難問をわれわれは見過ごしているのである。ここではいまのところつぎのことを指摘するだけにとどめておこう。すなわち、波のリズムや世界歴史の大なり小なりの周期のリズムを信ずる者は、嵐や洪水や雷雨に接して、地球自身が魂をもっていると考え、地球がそうなら太陽系が、太陽系がそうなら全宇宙が魂をもっていると考えざるをえないだろう。——われわれはこの問題を保留する。この短い論文の枠内では、全思想史を通じて万象を精神化する反生命的妄想としか理解されなかったこの万物霊魂説の意味までも、論究しようとすることは不可能だろうからである。ただ、根元霊魂を仮定するときに導かれるだろうひとつの結論のみを掲げておこう。

その結論はロマン主義の予感と一致して、宇宙の対極性を要求するだろう。その対極性によって、月と地球、地球と太陽、太陽と銀河系宇宙の相関性が、他方、平静と動揺、熱と光、さらに空間と時間の相関性が体験されるだろう。他のすべての対極性を包括する最後に挙げた対極性のみになお注目してみよう。——現実が事象（Geschehen）の実現ならば、現象の空間性もたえざる変化を免れえない。生命をもつと言われる宇宙においては、形象の時間極とその空間極との関係は魂と肉体との関係に等しいだろう。現実空間は現実時間の肉体であり、時間は空間の魂であろう。しかし、魂が無制限にリズムのなかで現象するならば、われわれにとってリズムの本質を解く鍵となった往来の交替[60]は時間性独自のものであろう。測定の道具としての直線的な秒の単位しか知らない物理学者にとっていかに神話的に聞こえようと、リズムの意義のいちばん下の土台を支える根拠は現実時間の脈動的進行（pulsatorischer Gang der wirklichen Zeit）のなかにあろう。個人の魂はしたがって、リズムのなかで振動するとき、どれほど短い瞬間であろうと、事象の両極を結ぶもの、すなわち、消滅と生成の永遠性とひとつになる。かの神秘主義者[61]は、つぎの詩句を見出したとき、おそらく心のなかで似たようなことを思ったであろう。

時間を永遠となし
永遠を時間となせば
自由となれよう
すべての争いから[62]

＊　たしかに、ふつうの知覚を通じて、あらゆる行為や営みを通じて、呼吸や飲食を通じて、個体は

世界と結びつく。しかし、この交流——すなわち、生命体とその生命体からたえず離反しようとする外界との交流——でさえ、魂に関与することによって生まれる生命の担い手固有の融合力がなければ、おこりえない。これは〔いっぱんに〕示しうることであり、〔じっさい〕『魂の対抗者としての精神』のなかでわれわれが示したことでもある。

事項訳注

（1） Rhythmus ist die regelmäßige Gliederung einer zeitlichen Erscheinung.

（2） Rhythmus ist die regelmäßige Wiederholung zeitlicher Erscheinungselemente.

（3） Rhythmus ist die zeitliche Erscheinung einer Regel.

（4） これらの概念規定において、リズムを現象として捉えている点は正しいが、(イ) リズムは時間的現象であるとのみ規定し、その空間性を見落していること、(ロ) リズムは規則的分節（あるいは、規則的反復）であるとし、拍子と混同していること、この二点において誤っている。

（5） 超時間的な不変の存在として事物の世界を認めている点、クラーゲスは唯心論者ではない。現象の世界を事物の世界と対立的に扱ってはいるが、現象世界を実在であるとは考えていない。だから二元論者でもない。ただ、現象世界を事物によってすべて律しようとする機械論的一元論には真っ向から反対する。

(6)「現象」はわれわれに直接知覚されうるものでなければならない、というのが前提である。したがって、空気の振動は笛の音という現象の客観的基礎条件にはちがいないが、われわれに知覚されるのは「笛の音」としてであって、「空気の振動」としてではない。

(7) この章冒頭のリズムの定義を指す。

(8) われわれは現象世界からたえず直観像を得ている。現象世界の観察が深まるにつれて、直観像は分節化し、また、想像力の働きによって、直観像は加工される。現象世界に基づかずに、無からまったく新しい直観像を形成したり、生産したりすることはわれわれにはできない。

(9) 極言すれば、すべての科学は「現象列における境界設定」だと言えよう。

なお、「分節のはたらき」はグループにまとめるはたらきであり、「分割のはたらき」は境界設定のはたらきである。

(10) 第九章でこの問題がふたたびとりあげられる。

(11) たとえば時計の音。すなわち、おなじ強さと高さと長さを持った音の連打は「完全な規則的系列」に属する。

(12) 第二章冒頭参照。

(13)「体験」(Erlebnis) は無意識的生命現象であり、「経験」(Erfahrung) は意識的精神作業である、とここでは考えられている。

(14) この原注は理解するのにかなり骨が折れるので、簡単にわかりやすく補足説明すると――

「客観基礎系列」とは、言いかえれば――このばあい――「規則的単音系列」のことである。たとえば、時計の音は（客観的には厳密に正確ではないが）おなじ音強、音長、音高をもった単音の規則的系列である。われわれは直観的には、しかし、時計の音を単音の規則的系列としては捕捉しないで、強弱、強弱、あるいは弱強、弱強というふうに、音群に分節して捕捉する。これを規則的単音系列として、すなわち客観基礎系列として捕捉するためには、意識的な精神のはたらきによらねばならない。

(15) 人名訳注「ホイスラー」の項を参照。

(16) 「文字」のこと。

(17) 初版は一九二九年、再版は一九三九年。

(18) デカルトは、精神は思惟（cogitatio）を、物体は延長（extensio）を本性とし、両者はたがいに共通性なく、無縁の実体であると考えた。すなわち、精神に属する心的な事象はすべて思惟の様態として物質的な原理によらずに理解され、自然（物質）界の事象はすべて延長的性質の様態として説明され、精神的なものとなんら交渉がない、とした。物心二元論である。

(19) 行動主義（Behaviorismus）はアメリカの心理学者ワトスンによってはじめて提唱された心理学の一主義で、意識心理学に反対し、心理学が科学となるためには、内省方法をすて、客観的に観察される行動をもっぱらその対象とすべきであると主張した。

(20) 新活力論（Neovitalismus）はラインケ、ドリーシュ、フォン・ユクスキュルなどによって代表される。生命現象は、物理化学的法則性ならびにその因果律のみからは説明されえず、生命の自律性（Autonomie des Lebens）、エンテレヒー（Entelechie 生体に仮定された合目的的生命力）、あるいは、ドミナンテ（Dominante 生体においてエネルギーを生み出す根源と仮定された生命力）などの概念によって説明されるべき生命現象独自の法則性に従う、と主張する。

(21)『神統記』（*Theogonia*）のなかの詩句。

(22) 夢の現象は熟睡とは無関係である。

(23)『魂の対抗者としての精神』（*Der Geist als Widersacher der Seele*）第三巻、一九三二年。

(24) 感覚論（Sensualismus）はいっさいの認識を感覚的知覚からみちびきだそうとする。経験論のひとつ。コンディヤックは、反省も原理上は感覚であり、心のすべての作用、記憶、思考、判断は変容された感覚である、と考えた。

(25)「分離術」（Scheidekünste）は「化学」（Chemie）の古称である。

(26) このことは一見逆のことのようにわれわれには思えるが、これでよいのである。生命体験（睡眠意識（覚醒状態において特徴的）は覚醒から睡眠への移行によって中断されるが、生命体験（睡眠状態において特徴的）は睡眠から覚醒への移行によっても中断されない、という意味である。

(27) ゲーテの格言詩（Sprüche）のひとつ。老年期の作。「生命現象の典型的根本形式」が簡潔な詩形によって表現されている。

第三行は、クラーゲスでは Wie *könnte* denn die Rose blühn, となっているが、原典では

Wie *möchte* denn die Rose blühn, である。誤植か、故意か。ともあれ、訳はクラーゲスのに従った。

(28) 意識のかなたの世界でなくて、こなたの世界である。「かなた」(jenseits) であれば、人間の意識を超えた、すなわち意識では捉えがたい外的世界の意味になる。「こなた」(diesseits) であれば、意識のこちら側、すなわち人間の内面の、すなわち、下意識の世界である。

(29) ルーネ歌 (Runenlied) はフィンランド語で Runo と言う。頭韻と対句法による、一詩行八音節からなるフィンランドの古い民謡形式である。七〇〇年から一五〇〇年ごろまでの間にさかんに行われ、口頭伝承のため多様な変遷を経た。

ルーネ歌はルーネ歌人により、カンテレ (Kantele フィンランドの国民楽器で、五弦——今日では三十弦まである——の翼状撥弦楽器) の伴奏に合わせて、単調な旋律で歌われた。

(30) 前注を参照。

(31) 第一章 (一二ページ) 参照。

(32) 二本ないし三本のマストをもった漁船で、地中海沿岸で用いられている。

(33) エレウシスの密儀 (Eleusinia mysteria) は、アッティカの町エレウシス (Eleusis) において、五穀の女神デメテル (Demeter) とその娘コレー (Kore) のために毎年行われた祭典。デメテルは「豊饒」、コレーは「生命の復活」の象徴で、密儀の参加者にはつぎの世の安全と生命とが保証された。

（34）一部の弁証法的唯物論者を皮肉っているのであろうか。

（35）第一章（九ページ以下）および訳注（4）を参照。

（36）訳注（13）を参照。

（37）むろん、空間的排他性と時間的排他性を指す。

（38）アクサン・シルコンフレックス（accent circonflexe）とふつう呼ばれている。

（39）一、相称的な両半分がたがいに接続しなければならないこと、二、それがたがいに類似しさえすればよいこと。

（40）一、類似者の更新であること（第六章）、二、分節的持続性をもつこと（第三章）。

（41）たとえば、シェリングによれば、自然と精神は根本をおなじくし、ともに本質においては一様におなじく精神的なものであって、前者においては客観の極が優勢であるのにたいし、後者においては主観の極が優っているにすぎない。この世界は自然の外部性から精神の内部性へ段階的に上昇していく一大有機体を形成する。絶対者は自然と精神の対立を超越した両者の根源であり、両極の融合渾一せるもの、すなわち、主観と客観の同一性または無差別である。こう考えられた。

（42）第七章（七一ページ）参照。

（43）分割則をもたないもの。

（44）ディオスコロイ（Dioskoroi）はギリシア神話の双子神。ゼウス（Zeus）とレダ（Leda）の間に生まれた子供で、カストル（Kastor）とポリュデウケス（Polydeukes）のこと。ゼウスはかれらを双子宮として星座に列せしめ、かれらの兄弟愛をめでた。

(45) 第五章(五五ページ以下)参照。

(46) 「先史民族」(vorgeschichtliche Völker)は有史以前の、文献的史料をまったく残さず、それゆえ遺物遺跡によってしかうかがい知ることのできない民族。「無史民族」(geschichtslose Völker)は現代に生存し、文献的文化を持たず、それゆえ文献以外の史料調査によらずしてその生活と歴史を知ることのできない未開民族。八八ページにでてくる「歴史外民族」(außergeschichtliche Völker)は「無史民族」とおなじ意味。

(47) 第二章(二二ページ)参照。

(48) ドイツ語を時代によって区分すると、古代ドイツ語、中世ドイツ語、近代ドイツ語に分けられ、地域によって区分すると、高地ドイツ語(南独地方)と低地ドイツ語(北独地方)に分けられる。新高ドイツ語とは近代高地ドイツ語のことで、およそ十六世紀以後現代にいたるまで、標準的ドイツ語として使われてきた。

(49) ニーチェの『漂泊者とその影』(*Der Wanderer und sein Schatten*)の断章一〇九にこの四人の散文作家およびその作品の名が挙げられている。

「ドイツ散文の至宝。――ゲーテの著作、ことに現存するドイツ最良の書たる『エッカーマンとの対話』(*Gespräche mit Eckermann*)を除いて、ドイツ散文芸のいずれがくりかえし読むに値するものとしてじっさい残されているか。リヒテンベルクの『箴言集』(*Aphorismen*)、ユング・シュティリングの自伝（*Lebensgeschichte*）の第一書、アーダルバート・シュティフターの『晩夏』（*Der Nachsommer*）、およびゴットフリート・ケラーの『ゼルトヴィラの人びと』（*Die Leute von Seldwyla*）——さしあたり、これだけで終りだろう。」

（50）韻律のこと。

（51）「一の系列」（Einser-Reihe）とは単音系列、すなわち一拍子であり、「二の系列」（Zweier-Reihe）とは二音系列、すなわち二拍子のことである。

（52）第二章（二〇ページ以下）参照。

（53）訳注（8）参照。

（54）ヴェーダ（Veda）は古代インドのバラモン教根本聖典の総称。インドの宗教、哲学、文学の根元をなすもので、その起源は紀元前十数世紀の頃、インドの西北方に移住したアリアン族が偉大な自然現象を賛美して歌った抒情詩に発し、以来一千年の間に成立した。

（55）『ヒュペーリオン、ギリシアの隠者』（*Hyperion oder der Eremit in Griechenland*, 1797–99）はヘルダーリーンの代表的作品。書簡体小説だが、ふつうの小説の概念では律しがたく、抒情的情調に富む悲歌である。

（56）クラーゲスには著書『表現運動と形成力』（*Ausdrucksbewegung und Gestaltungskraft*, 1913; 4. Auflage, 1923）がある。これはのちに全面的に改訂され、表題も『表現学原理』（*Grundlegung der Wissenschaft vom Ausdruck*, 1942）とあらためられた。後者は、千谷七郎氏によっ

て訳出され、『表現学の基礎理論』（一九六四年）として勁草書房から出版されている。

(57) 自己の肉体がここにいま存在することの限界。

(58) 「感情移入」(Einfühlung) はリップスの美学における美意識の根本原理で、外的事物そのもののなかに情緒を直接体験し、他我の認識を可能にする特殊な心理作用。

(59) 「魂が生命の大洋のなかで再生するために沈降する」（傍点筆者）こと（前節）。

(60) 第八章（八〇ページ以下）参照。

(61) ヤーコプ・ベーメ（Jakob Böhme, 1575—1624）のこと。

(62) ベーメの詩。したがって、「かの神秘主義者は、つぎの詩句を見出したとき……」（一〇七ページ、六行目）と言っているのは、おそらく、神秘主義者にとって、この詩句の内容となっていることがらが、つくりだすまえに、すでに真理のごとく存在したのであって、既存のその真理を見出したのにすぎない、と考えられたからであろう。

人名訳注

アリストクセノス Aristoxenos（前三五〇頃） 古代ギリシアの哲学者、音楽理論家。和声と楽器との関係から類推して、霊魂と肉体の関係を説く。『和声学原理』(*Rhythmika stoikheia*) のほかリズムに関する著作（断片）がある。

ヴァイセ、クリスチアーン・ヘルマン Christian Hermann Weiße（一八〇一―一八六六） ドイツの哲学者。ヘーゲル哲学の形式主義を否定し、神の人格性と自由の原理と個的存在を重んじる思弁的直観的認識を主張する。

ヴァラシェーク、リヒアルト Richard Wallaschek（一八六〇―一九一七） オーストリアの美学者。原始音楽の根元は旋律ではなくリズムであり、それは運動にたいする要求より生ずるとした。また、舞踊は戦争と狩猟の模倣であると説いた。『原始音楽』(*Primitive Musik*, 1893) の著書がある。

ヴェストファール、ルードルフ Rudolf Westphahl（一八二六―一八九二） ドイツの古典語学者、音楽理論研究家。古代の拍節論ならびにリズム論の研究に多大の貢献をした。『古代リズム論大綱』（*System der antiken Rhythmik*, 1865）、『後期ギリシアの拍節論とリズム論』二巻（*Metrik und Rhythmik des griechischen Hellenismus*, 1883-92）などの著書がある。

ヴント、ヴィルヘルム Wilhelm Wundt（一八三二―一九二〇）　ドイツの心理学者、哲学者。一八七九年、ライプツィヒ大学に世界で最初の心理学実験室を創設した。精神史学を心理学の基礎のうえに樹て、論理学、倫理学、帰納的形而上学を心理学から解明しようとし、社会学を心理学に包摂せしめた。

ゲーテ、ヨーハン・ヴォルフガング・フォン Johann Wolfgang von Goethe（一七四九―一八三二）　ドイツの詩人。フリードリヒ・シラーとともにドイツ古典主義文学を築いた。自然研究においても多くの業績を遺した。進化論的・弁証法的自然認識にたち、すべての動植物は根元動植物から分化したものであると考え、自然の生成発展のなかに統一的な法則性を見出そうとした。

ケラー、ゴットフリート Gottfried Keller（一八一九―一八九〇）　スイス写実主義の作家。短篇小説集『ゼルトヴィラの人びと』（*Die Leute von Seldwyla* 第一巻一八五六、第二巻一八七四）は、スイスのある架空の近代的都市国家ゼルトヴィラを舞台に、十九世紀前半の保守反動と自由進歩の二大風潮のあいだにはさまったビーダーマイアー的庶民生活を描いたもの。これによってケラーは「短篇小説のシェイクスピア」（ハイゼ）と呼ばれた。

コフカ、クルト Kurt Koffka（一八八六―一九四一）　ドイツの心理学者。一九二七年以来アメリカに在住。ケーラーやヴェルトハイマーとならんで、ゲシュタルト心理学、知覚心理学の確立に貢献した。

コンディヤック、エチアンヌ・ボノー・ド Etienne Bonnot de Condillac（一七一五—一七八〇）　フランス啓蒙期の感覚論哲学者。デカルトの本有観念を否定し、ロックの二元説（感覚と反省）を克服し、全精神能力を感覚から演繹しようとした。

シェリング、フリードリヒ・ヴィルヘルム・ヨーゼフ・フォン Friedrich Wilhelm Joseph von Schelling（一七七五—一八五四）　ドイツの観念論哲学者。自然と精神の対立を絶対的同一者のうちに解消する同一哲学を主張、絶対者は芸術的・知的直観によって把握されるとした。

シュティフター、アーダルバート Adalbert Stifter（一八〇五—一八六八）　オーストリアの小説家。長篇小説『晩夏』（*Der Nachsommer*, 1857）は主人公ハインリヒが自然観察から出発して、美の世界、人間の世界の認識へと成長発展していく過程を描いた教養小説。

シュトゥンプフ、カール Carl Stumpf（一八四八—一九三六）　ドイツの心理学者、音楽研究家。音声心理、空間知覚にかんする研究が多い。音楽心理学者としてはヴントらのライプツィヒ学派と対立する。『音響心理学』（*Tonpsychologie*, 1883–90）二巻、『音楽の起源』（*Die Anfänge der Musik*, 1911）などの著書がある。

シュレーゲル、アウグスト・ヴィルヘルム・フォン August Wilhelm von Schlegel（一七六七—一八四五）　ドイツ前期ロマン派の指導的文芸批評家、サンスクリット学者、翻訳家。弟フリードリヒとともにロマン主義理論の普及につとめるかたわら、サンスクリットの研究、外国文学の翻訳に従事した。とくにインドの叙事詩『ラマヤーナ』（*Ramayana*）とシェイクスピアの戯曲十七篇の翻訳が有名。

デカルト、ルネ René Descartes（一五九六—一六五〇）　フランスの哲学者。精神は思惟（cogitatio）を、物体は延長（extensio）を本性とし、両者はたがいに共通性なく、無縁の実体であると考えた。すなわち、精神に属する心理事象はすべて思惟の様態として物質的な原理によらずに理解され、自然（物質）界の事象はすべて延長的性質の様態として説明され、精神的なものとなんら交渉がない、とした。物心二元論である。

ドリーシュ、ハンス Hans Driesch（一八六七—一九四一）　ドイツの動物学者、哲学者。唯物論的な生命機械論の誤謬を指摘し、エンテレヒーを仮定し、新活力論を唱えた。

ニーチェ、フリードリヒ・ヴィルヘルム Friedrich Wilhelm Nietzsche（一八四四—一九〇〇）　ドイツの哲学者。キリスト教と民主主義を弱者の「奴隷道徳」（Sklavenmoral）だとし、強者の「君主道徳」（Herrenmoral）と対置させた。後者の人を「超人」（Übermensch）と称し、これを権力意志の権化とみた。「権力への意志」（Wille zur Macht）は抵抗を克服してたえずより強大になろうとする生の不断の生長過程であり、生成を地盤としてすべてを流動的にとらえようとする「永劫回帰」（ewige Wiederkunft）の思想と表裏をなす。

バハオーフェン、ヨーハン・ヤーコプ Johann Jakob Bachofen（一八一五—一八八七）　スイスの人類学者、文化史家。古代神話や象徴をロマン主義的に解釈、多くの資料に基づいて母権制を立証した。

パラート、ルートヴィヒ Ludwig Pallat（一八六七―一九四六）　ドイツの考古学者、教育学者。「ベルリン中央教育協会」の設立者（一九一五年）であり、その指導者でもある。製図、工作、裁縫などの教育をとりいれ、芸術科の教員試験制度を設けた。

ビューヒャー、カール Karl Bücher（一八四七―一九三〇）　ドイツの国民経済学者。『労働とリズム』（*Arbeit und Rhythmus*, 1896）のなかで、かれは民族学上の資料をもとに、「労働歌の拍子」と「労働の促進」とのあいだの相関関係を明らかにした。

ヒルカー、フランツ Franz Hilker（一八八一―　）　ドイツの教育学者。「ベルリン中央教育協会」の指導者。比較教育学を提唱し、教育学の国際的共同研究の促進にあたった。

フィヒテ、ヨーハン・ゴットリープ Johann Gottlieb Fichte（一七六二―一八一四）　ドイツの哲学者。カントの批判哲学を純粋に形而上学的に展開させ、一切の根底に自我の絶対的な活動をおいた。有名な講演『ドイツ国民に告ぐ』（*Rede an die deutsche Nation*, 1808）にはかれの国民理解と教育観がうかがえる。

プラトン Platon（前四二七―三四七）　古代ギリシアの哲学者。ソクラテスの弟子。すべて現実の個物は真の実在ではなく、イデアの不完全な模倣にすぎず、真の実在はイデアであり、そして、最高のイデアは真、善、美であると説いた。また、霊肉二元論を唱え、霊魂は不滅であると考えた。

ブルダハ、カール・フリードリヒ Karl Friedrich Burdach（一七七六―一八四七）　ドイツの比較解剖学者、発生学者、生理学者。中枢神経組織の研究をなし、「生物学」（Biologie）と「形態学」（Morphologie）の概念を作った（一八〇〇年）。

ヘーゲル、ゲオルク・ヴィルヘルム・フリードリヒ Georg Wilhelm Friedrich Hegel（一七七〇―一八三一）　ドイツ観念論哲学者。真の現実は自己矛盾によって正、反、合の三段を経て行われる絶対的理性であり、世界は絶対者としての理念の弁証法的発展の体系である。哲学は、絶対精神が論理的自己発展により存在の全体を自己のうちから産出するところのリズム、そのリズムに主観的精神が没入し、それを観照し、追考することである、と考えた。

ヘシオドス Hesiodos（前七〇〇頃）　古代ギリシアの叙事詩人。かれの最初の作品『神統記』は正義の神としての支配者ゼウスを神話的に正当化する目標のもとに書かれた。第二作『仕事と日々』（*Erga kai hemerai*）には、平民、とくに農民のいきいきとしたユーモラスな生活が描かれている。

ヘッケル、オットー Otto Böckel『民衆文芸の心理学』（*Psychologie der Volksdichtung*, 1906）の著者、という以外に生没年等一切不明である。

ベートーヴェン、ルートヴィヒ・ファン Ludwig van Beethoven（一七七〇―一八二七）　ドイツの作曲家。九つの交響曲のほか、不朽の傑作を数多く遺した。ロマン派音楽の先駆をなす。

ヘラクレイトス Herakleitos（前五三五頃―四七五頃）　古代ギリシアの哲学者。一切の事物を生滅変化のなかに捉えた。かれは万物の原質は火であると考え、火は水に、水は土に、土は水に、そして水は火に帰る、その流動は対立と抗争によっておこり、全体としては調和統一をなすと説いた。

ヘルダーリーン、フリードリヒ Friedrich Hölderlin（一七七〇—一八四三） ドイツの詩人。古代ギリシアとその神々の象徴へのあこがれに託して、失われた人間生活と神々との調和を熱狂的にうたった。かれは後半生を精神の溟濛のうちに送ったが、格調の高い、哲学的な深さを持ったかれの詩は近年評価されはじめた。ドイツ文学史上、特異な地位を占める。

ヘルバルト、ヨーハン・フリードリヒ Johann Friedrich Herbart（一七七六—一八四一） ドイツの哲学者、教育学者。哲学は概念の修正であるとし、その第一の課題は明晰さと判明にあるとした。教育の目的を倫理学に、その方法を心理学に求め、両者を基礎として体系的な教育学を組織した。

ホイスラー、アンドレーアス Andreas Heusler（一八六五—一九四〇） ドイツのゲルマン学者。北欧の詩文芸研究に功績を遺した。三巻からなる主著『ドイツ韻律史』(*Deutsche Versgeschichte*, 1925–29) のほか、古代ゲルマンの文芸に関する著作が多い。

ホメロス Homeros（前九世紀頃） 古代ギリシアの大叙事詩『イリアス』(*Ilias*) および『オデュッセイア』(*Odysseia*) の作者だとされているが、実在は不明。

ホルンボステル、エーリヒ・フォン Erich von Hornbostel（一八七七—一九三五） ドイツの音楽研究家、心理学者。北米のインディアン種族の研究を通じて、比較音楽学を樹立した。

モイマン、エルンスト Ernst Meumann（一八六二—一九一五） ドイツの心理学者、教育学者。

ヴントの実験心理学の方法を美学と教育学に応用した。ハンブルクにおいて教育改革運動に貢献、時間知覚、リズムに関する研究がある。

ユクスキュル、ヤーコプ・ヨーハン・バローン・フォン Jakob Johann Baron von Uexküll（一八六四―一九四四）　ドイツの動物学者。生物と環境との関係は個体の感覚器官の構造によって異なると考えた。観念的新活力論の代表者の一人。

ユング＝シュティリング、ヨーハン・ハインリヒ Johann Heinrich Jung-Stilling（一七四〇―一八一七）　ドイツの作家。『ハインリヒ・シュティリングの青春時代』（*Heinrich Stillings Jugend*, 1777）をはじめとして、あたたかな宗教的内面性に富んだ一連の自伝的作品を書いた。

ヨルダン、ヴィルヘルム Wilhelm Jordan（一八一九―一九〇四）　ドイツの詩人、政治家。かれは詩人としてよりも、ホメロス、シェイクスピア、ソポクレスおよび『エッダ』の翻訳者としてむしろ知られている。

ラインケ、ヨハネス Johannes Reinke（一八四九―一九三一）　ドイツの植物学者、自然哲学者。活力論の立場から有機体の生命の統制者としての支配力（Dominante）を想定した。

リップス、テーオドール Theodor Lipps（一八五一―一九一四）　ドイツの心理学者、哲学者。直接意識体験を哲学の基礎に据え、心理学を論理学、倫理学および美学の基礎科学とみなした。感情移入説で有名。

リヒテンベルク、ゲオルク・クリストーフ Georg Christoph Lichtenberg（一七四二―一七九九）

著作家、物理学者。『箴言集』はかれの代表作のひとつ。心理学的人間観察の集大成というべきもので、鋭い観察眼でもって、密度のこまかい、きびしい筆致で人間の営みが描かれている。

リーマン、フーゴー Hugo Riemann（一八四九―一九一九） ドイツの音楽史家。リズム論と拍節論の研究で有名。『音楽リズム論・拍節論大綱』(*System der musikalischen Rhythmik und Metrik*, 1903)、『音楽事典』(*Musiklexikon*, 1882) などがある。

ロッツェ、ルードルフ・ヘルマン Rudolph Hermann Lotze（一八一七―一八八一） ドイツの哲学者、医学者。哲学はヴァイセに学ぶ。観念論哲学と機械的自然観の統一を目指す。ライプニッツの単子論の影響を受け、存在界は霊魂単子よりなり、万有間の相制作用は神の統一に依存すると考えた。

ワトスン、ジョーン・ブローダス John Broadus Watson（一八七八―一九五八） アメリカの心理学者。行動心理学の主唱者。内省法を徹底的に拒否し、精神現象を外から客観的に観察すべきことを主張した。

解説

ルートヴィヒ・クラーゲス（Ludwig Klages）は一八七二年十二月十日、ハノーファー（Hannover）に商人の子として生まれ、一九五六年七月二十九日、スイスのチューリヒ湖畔の町キルヒベルク（Kirchberg）で没した。

ハノーファーのギムナージウムを終えたクラーゲスはまずライプツィヒ大学へ入学したが、心理学者ヴィルヘルム・ヴント（人名訳注参照）などの講義に飽きたらず、ハノーファー工科大学を経て、ミュンヘン大学へ転じた。ここで心理学者テーオドール・リップス（人名訳注参照）の講義から影響をいくぶん受けたようである。一八九六年、化学を主科目、物理学と哲学を副科目とする実験化学の領域で学位を得た。

かれは講壇心理学に反発し、終始民間学者として活躍することになった。大学には失望を感じたが、交友関係、とりわけ一八九三年にはじまるアルフレート・シューラー（Alfred Schuler, 1865–1923）

との交友はクラーゲスの世界観に衝撃を与えるほどの体験になった。また、ヨーハン・ヤーコプ・バハオーフェンおよびフリードリヒ・ニーチェ（ともに人名訳注参照）の書物からの影響もクラーゲスのその後の精神形成にとって決定的な意味を持った。

一八九〇年頃からかれは詩作をはじめ、シュテファン・ゲオルゲ（Stefan George, 1868–1933）に心酔して、ゲオルゲの主宰する『芸術草紙』（*Blätter für die Kunst*, 1892–1919）に一八九四年以来詩などを寄稿するようになったが、性格の相違がもとで（？）数年にして両者の関係は破れ、ほぼ十年間の詩作活動に終止符をうって、かれは学者の道に専心することを決意した。

一八九七年、ミュンヘンに「ドイツ筆跡学会」を設立し、「筆跡学雑誌」の編集（1900–1908）とそれへの寄与によって、かれはみずからの確固たる学的基礎を築いた。一九〇五年、おなじくミュンヘンに「表現学ゼミナール」を開設、第一次大戦勃発まで隆盛を極めた。一九〇八年、ハイデルベルクで開かれた国際哲学会議でハンガリーの思想家メルキオール・ポラージ（Melchior Palagyi, 1858–1924）と出会い、「生命と意識」のテーマを中心に意見を交換した。

一九一〇年に『筆跡学の諸問題』（*Die Probleme der Graphologie*）、一九一三年に『表現運動と形成力』（*Ausdrucksbewegung und Gestaltungskraft*. なお事項訳注(56)を参照）を出版。

一九一九年、大戦終結とともにミュンヘンを去って、チューリヒ湖畔のキルヒベルクへ移住した。

同時に「表現学ゼミナール」をも移転させた。

一九二〇年に論文集『人と地』(*Mensch und Erde*)、一九二一年に『意識の本質について』(*Vom Wesen des Bewußtseins*) を出版。クラーゲスの生哲学の中核思想を含む論文が、一九二二年の『宇宙生成的エロスについて』(*Vom kosmogonischen Eros*) と一九二三年の『リズムの本質について』(*Vom Wesen des Rhythmus*) の形で発表された。この両著のテーマは、「生命と意識」あるいは「生命と精神」が人格においていかに結びつくかの解明であった。一九二九年、完成に十六年を要したクラーゲスの主著『魂の対抗者としての精神』(*Der Geist als Widersacher der Seele*) の最初の二巻がついに刊行された。第一巻の表題は『生命と思考力』(*Leben und Denkvermögen*)、第二巻は『意志論』(*Die Lehre vom Willen*) である。一九三二年に第三巻『諸形象の現実に関する理論』(*Die Lehre von der Wirklichkeit der Bilder*) が出て完結した。この著書は講壇哲学者たちの注意をひき、一九三七年のドイツ哲学会の討論の主題に選ばれた。著書の表題が示すとおり、クラーゲスは、精神は魂と対立し、理性(精神)は生命(魂)を危くするものと考え、ロゴス中心のヨーロッパ哲学に反旗を翻した。

主著の完結の年はクラーゲスにとってちょうど六十歳の年であり、しかも、ゲーテ没後百年祭にもあたり、かれはゲーテ牌の授与と還暦記念出版によってこれまでの労を犒われた。『魂の探究者ゲーテ』(*Goethe als Seelenforscher*)が刊行されたのもこの年である。

一九四〇年には、レクラム書店創立七十五周年を記念して、『心理学の根元』(*Ursprünge der Seelenforschung*, Reclams Universal-Bibliothek Nr. 7514)を出版、一九四四年には、自伝的大著『リズムとルーネ歌』(*Rhythmus und Runen*)を、戦後一九四八年には、クラーゲス畢生の円熟を示す『心理学の源泉としての言語』(*Die Sprache als Quelle der Seelenkunde*)を出版した。

クラーゲス没後、遺稿はすべてマールバハ・アム・ネッカーの国立シラー博物館に運ばれ、「クラーゲス文庫」(Klages-Archiv)が同博物館内に設置された。一九六三年には「クラーゲス協会」(Klages-Gesellschaft)が発足し、クラーゲス全集刊行の基礎が固まった。翌六四年、さっそく『ルートヴィヒ・クラーゲス全集』(Ludwig Klages, *Sämtliche Werke in zehn Bänden mit Supplementband*)のまず第一、二、六巻がボンのH・ブヴィエ出版社(H. Bouvier u. Co. Verlag)から上梓された。ついで一九六六年に補巻一が、翌六七年に補巻二が出版され、残りはおいおい公刊の予定になっている。全集の内容を示すと、

第一部——哲学(Philosophie)、第一—三巻

第二部——性格学(Charakterkunde)、第四—五巻

第三部——表現学(Ausdruckskunde)、第六巻

第四部――筆跡学（Graphologie）、第七―八巻
第五部――遺稿、補遺、索引、文献目録、第九―十巻
第六部――伝記（Ludwig Klages. Die Geschichte seines Lebens）、補巻一―二
編纂者はエルンスト・フラウヒガー（Ernst Frauchiger）、ゲルハルト・フンケ（Gerhard Funke）、カール・J・グロフマン（Karl J. Groffmann）、ローバート・ハイス（Robert Heiss）、ハンス・エガート・シュレーダー（Hans Eggert Schröder）らが中心となっている。各巻末にはシュレーダーによる詳細な注解が付されており、おそらくこれがクラーゲス全集の決定版となろう。

＊　＊　＊

「リズム」（Rhythmus）の語が使われている領域はきわめて多方面にわたり、それだけにこの概念の理解のされかたも一様でない。星辰の運行や四季の変遷のリズム、波の運動や植物の生長のリズム、動物の身体運動のリズム、生理のリズム、生活のリズム、音楽のリズム、色彩・紋様のリズム、線のリズム、詩のリズム……しごく便利な言葉だけに不用意に、気軽に使われている。学問分野でもしばしば口にされるけれども、学術用語としてはまだ意味が定着していない。いずれにせよ、周期的反復運動（または現象）としてリズムは理解されているようである。ところが、おなじ周期的反復運

動（現象）を表わす語として一般に使われているものに「拍子」（Takt）がある。はたして「リズム」と「拍子」はおなじものなのか。事実はひとつであって、たんに言葉の相違にすぎないものなのか――周期的反復運動（現象）と一口に言っても、すこしふりかえって省察してみると、そこには根元を異にする顕著な現象が見出されるのである。たとえば、機械の仕事におけるような数学的に正確な意識的人為的反復運動と、鳥の飛翔におけるような変化に富んだ無意識的自然的反復運動のあいだには、根元的に区別さるべき本質的相違がある。もし事実に相違があるならば、学問の対象として取り扱うばあいにはことさら、それにたいして別々の言葉を与えるのが道理である。クラーゲスは意識的人為的反復運動を「拍子」と名づけ、無意識的自然的反復運動を「リズム」と呼んだ。

ドイツ文学者ヴォルフガング・カイザー（Wolfgang Kayser）は「リズム」を「調子」（Ton）と言いかえ、おなじくドイツ文学者であるエーミール・シュタイガー（Emil Staiger）は「気分」（Stimmung）という名で呼んだ。いずれも「リズム」を「拍子」と区別し、リズムを根元的に把えようとしている態度はクラーゲスと共通しているが、たんに言葉のいいかえにとどまって、より深い解明を省いているために、ひじょうに抽象的な莫然とした規定に終ってしまった。

ところで、いっぱんに、「リズム」の定義において「拍子」と混同している例が驚くほど多いのである。クラーゲスは本書の第一章でまずその点を指摘し、一般の定義がリズムを現象として扱っている点は正しいが、(イ) リズムと拍子を混同していること、(ロ) リズムを時間現象だとのみ規定し、その空間性を見落していること、この二点において誤っている、と述べている。

「生命」と「精神」の対立契機が人格内においていかに結びつくか、という生哲学の根本テーマを解明することが本書の主目標であったことはさきに触れたが、具体的には「リズム」と「拍子」に関する三つの問題点——(1)「現象」の意味、(2) リズムと拍子の関係（その対立と結合）、(3) リズムの空間・時間性——を骨組みとして、現象学的・心理学的・生哲学的考察を通じて、「生命」と「精神」の如上のテーマを追究したものが本書である。

第一の「現象の意味」は、リズムの本質を論ずるための大前提となるべき核心問題をまず明らかにする必要から、第一章に「現象研究の意味について」(Vom Sinn der Erscheinungsforschung) としてとりあげられている。現象はたえず変化するが、事物の側の変化と事物を知覚する人間の側の変化によって現象の変化は体験される。そのばあいの現象はわれわれに直接知覚されうるものでなければならない。たとえば、空気の振動は笛の音という現象の客観的基礎条件にはちがいないが、われわれに知覚されるのは笛の音としてであって、空気の振動としてではない。したがって空気の振動は「現象」とは言えない。現象が現象として体験されるためには、現象から受ける直観像の変化と直観像要素の類似性が同時に体験されなければならない。ここでクラーゲスは、物の存在そのものとは直接かかわりのない、物の存在様式にたいするわれわれの体験形式を「現象」とみなし、体験に基づく現象の特有のありかたをわれわれに示している。しかし、現象を、物自体と対立する普遍の実在とみるのではなく、それゆえに、二元論ではけっしてない。かれは観念論的物心二元論を排斥するとともに、機械論的力学的一元論をも容認しない。

第二の「リズムと拍子の関係」については、第二章において拍子の特質が、第三章においてリズムの特質がそれぞれ別個に述べられ、第四、六および八章においてリズムと拍子の対立関係がおのおの体験と意識の対立、類似者の更新と同一者の反復の対立、生命と精神の対立の形で根元にまでさかのぼって追究され、第五章と第九章では両者の対立を止揚し、生体内において融合統一せしめる契機が求められる。

第二章「拍子の仮現性」(Vorläufiges vom Takt) は、時計の音を例として、現象を分節化するわれわれの精神作業によって拍子が生じることを示す。すなわち、時計の音は客観的にはおなじ音強、音高、音色で、おなじ間隔の規則的音系列であるが、われわれの耳には強弱強弱あるいは強弱弱強弱弱などのように聞こえる。これは直観像を加工変形するわれわれの精神のはたらきの所産であって、精神による新しい直観像の生産ではない。メトロノームどおりに正確に弾く初心者の演奏には拍子はあるがリズムはなく、すぐれた音楽家の演奏には拍子を凌駕した高い調子のリズムがある。拍子とリズムはこのように截然と区別されるべきあきらかに異なった現象であって、この両者には別々の名称を与えることが当然であると説き、両者を同一視する論に反駁する。

第三章「分節的持続性としてのリズム」(Rhythmus als gegliederte Stetigkeit) では、リズムは分節性と持続性をともに具有すべきことがまず述べられる。たとえば、壁には持続性はあるが分節性はない。それゆえ壁はリズム的でない。時計の音は分節的であるが持続性を持たない。それゆえ時計の音もリズム的でない。リズム、たとえば波の運動は無限の運動であって、無限なるものは把握的判断によって理解されるような性質のものでなく、指示的判断によってただ体験されうるのみである。これにたいし、初めと終りをもつ拍子は把握的判断によって量的に捕捉されうる。

第四章「意識と体験」(Bewußtsein und Erlebnis) では、頭時計、睡眠、催眠術などの具体例でもって、生命事象は体験そのものであり、体験は無意識状態になることによって中断されることがないこと、これにたいし、意識は無意識状態になることによって途絶え、覚醒によってふたたび始まること、また、単細胞生物の例や、感動的体験が無意識状態をもたらす例でもって、体験は無意識的なものであること、などがつぎつぎと証明され、拍子は意識的精神作業の所産であるのにたいし、リズムは体験的（無意識的）生命現象であると結論づけられる。

第六章「反復と更新」（Wiederholung und Erneuerung）では、人間の精神作業のみが同一のものを反復実現させうるのであり、自然現象は、生命事象をも含めて、すべて類似したものの更新にすぎないこと、拍子は一種の精神作業であって、同一者の反復を目指し（たとえば時計の振子運動、ピストン）、リズムは生命現象であって、類似者の更新である（たとえばリンゴの種子からリンゴの樹が生える）こと、芸術は生命の発現であって、精神作業である機械の仕事よりもリズム価において優れていること、などが立証される。

第八章「対極的持続性としてのリズム」（Rhythmus als polarisierte Stetigkeit）では、宇宙両極論から説きおこされ、すべての周期的運動（または現象）は両極の力関係から生ずるリズム的脈動であるとみなされる。自然界あるいは人間界における生成衰滅あるいは興亡盛衰の両極的交替（生命現象、リズム）は分割則（精神作業、拍子）を受けつけないものであり、ここにおいて、生命と精神、リズムと拍子それ自体の対極関係も明らかにされる。しかし、生命と精神の対立的力の接合点としての拍子の役割が最後に暗示される。

第五章「リズムの打拍可能性について」（Von der Taktierbarkeit des Rhythmus）と第九章「拍

子の生命内実について」(Vom Lebensgehalt des Taktes) は本書の核心をなす部分である。

まず第五章では、拍子の分割作用はリズムの生命体験を遮断する働きをなすけれども、もしリズムの持続価がその分節価を上まわるばあいには、むしろ拍子はリズム効果を高める作用をすることが、揺籃運動や列車の進行時の振動やフィンランドのルーネ歌の例によって示される。「リズムと拍子が、本質的に異なる発生源をもつにもかかわらず、人間のなかでたがいに融合しうる」ことが明らかにされる。

第九章では、生命体に抵抗を与えるとかえって生命力を増進させうるとおなじく、リズムに拍子の抵抗を与えると、リズムは屈折し、それによりリズム価を高めること、それのみならず、生命力が横溢しているばあいには、単調な拍子ですらリズムに強大な表現力を与えうることが未開人の音楽を例に証明される。逆に、もし拍子という抵抗がなければ、生命が異常に豊富でないかぎり、リズムがいかに現われがたいかが、散文作品の成功率の低さの例によって示される。著者はもちろん、「精神」を「拍子」に、「生命」を「リズム」に置きかえて説明しているにすぎないのであって、いっぱんに、精神は生命に抵抗として作用することにより、かえって生命を刺激し、生命のはたらきを活発ならしめることを主張しようとしているのである。

第三の問題「リズムの空間・時間性」(Raumzeitlichkeit des Rhythmus) はこれとおなじ表題をもつ第七章で論じられる。舞踊を例に、リズミカルな音響は同時にリズミカルな運動をひきおこし、逆にリズミカルな運動はかならずリズミカルな音響をひきおこすこと、リズムの運動性の観点から、運動に時間と空間が伴うとすれば、リズムにも当然時間性のみならず空間性が要求されることが説明される。運動体験が視覚的に表現されたばあい、その視覚化されたもの、すなわち、空間的な視覚像からわれわれは逆に運動を追体験することができる。ここにもリズムの空間性が現われている。いっぱんに、時間表現は同時に空間表現を伴い、空間表現は同時に時間表現を伴い、そのことによってリズムの表現が可能となる。さらに、クラーゲスは自然のシンメトリーのなかにリズム的交互性を見出している。

第五章と第九章において、リズムと拍子の対立、すなわち、生命と精神の対立が生体内でいかに融合統一されるかの理論的追究がなされたが、終章「展望」(Ausblick) において、ふたたび生命と精神の宿命的対立関係がリズム体験を媒介としてより鋭く顕在化される。

生命と精神の対立についてはクラーゲスの主著『魂の対抗者としての精神』のなかでやがて徹底的に究明されることになる。一方、ここでは、精神の抵抗に出会った生命が精神の拘束から解放され、精神を凌駕することが問題の焦点となる。

クラーゲスはまず「リズムの喜びはなにに起因するか」という、リズム体験の本質を衝くところの、しかも美学上の根本課題でもある問いを提出する。クラーゲスの生哲学的リズム論のいわばかなめの問題でもあろう。かれはリズム体験の土台に「感動」(Ergriffenheit) を据えた。舞踊を例に挙げて、怒った人と楽しい気分の人、老いた人と若者、しらふの人とすこし酩酊した人、のいずれがよりリズミカルに踊るかと問い、もちろん後者である、なぜか——三通りの場合に共通する条件として「抑制感情からの解放」を「リズミカル」の原因とした。そして、「抵抗にたいする生命の優勢の度合いに応じて、事象や形態をリズム化するものの正体は生命そのもの」であり、「リズムのなかで振動することは、それゆえ、生命の脈動のなかで振動することを意味し、したがって、人間にとってはなおそのうえ、精神をして生命の脈動を狭めせしめている抑制から一時的に解放されることを意味する」と、精神の抑制からの解放を「リズムの喜び」の根元とした。

リズム体験の基礎に「感動」を置いたことは首肯しうるとして、感動の基礎に「抑制感情からの解放」を据えたことは多少不満が残る。なぜなら、感動がはたしてこのような受動的な解釈のみで把握できようか、この点に疑問があるからである。いまかりにクラーゲス流の論理の進め方を踏襲するならば、かれの結論に、さらにつぎのように付け加えることができよう。すぐれた精神は自己を抑制し、生命を解放し、解放された生命はまた精神を触発し、触発された精神はさらにまた生命を刺激し、たがいに作用しつづけ、両者は一ならずして一なる、高次の調和の状態を保つ。精神と生命が交互に作用しつつ、しだいに高い緊張した調和に達する、この交互反応の場がリズムであり、リズム価が高まれば高まるほど、生命の充実したより深い感動が生まれる。

あとがき

本訳はグローペンギーサー書肆（Verlag Gropengiesser, Zürich und Leipzig）から出ている叢書『ドイツの形式——文学、芸術、世界認識』（*Die Deutsche Form — Dichtung Kunst Welterkenntnis*, hrsg. von Dr. F. Gropengiesser）のなかの一冊、ルートヴィヒ・クラーゲス著『リズムの本質について』（Ludwig Klages, *Vom Wesen des Rhythmus*）の第二版（一九四四年）をテクストとして使った。

ドイツ抒情詩、とくに自由律詩の研究の文献として、訳者が本書をはじめて手にしたのは一九六七年であった。そのときまでにすでに、ドイツ抒情詩のリズムについて、口頭発表なり論文発表なりを数回試みていたが、この書を読んで、それまでの訳者のリズム理解がいかに浅かったかを痛感させられ、根本的に考えをあらためさせられた。一九六八年の春、新潟大学における表現学会第五回全国大会で、研究発表としてこの書を紹介し、そのあとすぐ翻訳にかかって、同年秋に訳了した。

活字になるまでに訳稿に数回朱筆を入れた。完全な翻訳などはありえないとは知りつつも、やはり能うかぎり完全を期したいと願うのは人情で、わかりやすい日本語に——というのを第一の目標にして、立派な翻訳を志したつもりである。結果はけっして立派とは言えない。訳文のわかりにくさは原著書のせいではなく、あくまで訳者の未熟さの責任である。本文のわかりにくいところは「訳注」あるいは「解説」によって補っていただくほかない。

本訳の刊行が実現したのは、金城学院大学教授今井文男先生のご斡旋と岐阜大学助教授田中幸穂先生のご紹介のおかげであり、とくに田中先生には出版社との交渉など親身にまさるお世話になった。ここに厚く心からお礼もうしあげたい。また、校正その他でお骨折りいただいたみすず書房編集部の富永博子氏にもあわせて謝辞をもうし述べねばならない。

一九七一年一月

訳　者

著者略歴

(Ludwig Klages, 1872-1956)

ドイツのハノーファーに生れる．初めライプツィヒ大学に，後にミュンヘン大学に学ぶ．ニーチェの影響を受け，その思想を伝えて心（魂）と精神との対立関係を説くところから独自の性格理論を展開する．1897年ミュンヘンに「ドイツ筆跡学会」を設立，「筆跡学雑誌」の編集執筆にあたる．1905年には「表現学ゼミナール」を開設，第一次世界大戦勃発まで隆盛を極めた．22年と23年に彼の生哲学の中核をふくむ『宇宙生成的エロスについて』と『リズムの本質について』を発表し，29年には主著『魂の対抗者としての精神』が刊行された．終始民間学者として活躍した．著書は上記のほか『性格学の基礎』（岩波書店，1957）『表現学の基礎理論』（勁草書房，1964）『生命と精神』（勁草書房，1968）など．

訳者略歴

杉浦 實〈すぎうら・みのる〉 1932年大阪府に生れる．1962年大阪市立大学大学院修士課程修了．専攻 ドイツ文学．九州大学名誉教授．2018年歿．著書『表現学と諸科学』（共著，教育出版センター，1993）『統合ドイツの文化と社会』（共著，九州大学出版会，1996）．訳書 ハンス・カウフマン『ドイツ現代文学批判――危機と変革』（共訳，ミネルヴァ書房，1970）『現代ドイツ短編集――ドイツ民主共和国の作家たち』（共訳，1980）『現代ドイツ詩集――東ドイツの詩人たち』（共訳，1991，以上三修社）『エルベは流れる――東ドイツ短編集』（共訳，同学社，1992）ヴォルフガング・エメリヒ『東ドイツ文学小史』（共訳，鳥影社，1999）．

ルートヴィヒ・クラーゲス
リズムの本質
杉浦實訳

1971年 4 月15日　初　版第 1 刷発行
2022年10月11日　新装版第 1 刷発行

発行所 株式会社 みすず書房
〒113-0033 東京都文京区本郷 2 丁目 20-7
電話 03-3814-0131(営業) 03-3815-9181(編集)
www.msz.co.jp

本文印刷所 三陽社
扉・表紙・カバー印刷所 リヒトプランニング
製本所 松岳社
装丁 安藤剛史

ISBN 978-4-622-09560-6
[リズムのほんしつ]